LE POÉTIQUE, LE RÉEL

FRANC DUCROS

LE POÉTIQUE,
LE RÉEL

Préface de Mikel Dufrenne

*Ouvrage publié avec le concours
du Centre national des Lettres*

PARIS
MÉRIDIENS KLINCKSIECK
1987

© Librairie des Méridiens, Klincksieck et Cie, 1987
ISBN 2-86563-171-0

PRÉFACE

Poétique, réel, le livre de Franc Ducros ouvre à ces adjectifs nominalisés les frontières dans lesquelles les tient le langage quotidien. Le réel y est bien une catégorie ontologique, mais qui n'équivaut pas à ce qu'on nomme ailleurs réalité. Le poétique désigne une certaine pratique propre à accueillir ce qui, venant à la présence, s'avère le réel. Cette *poiesis* n'est pas le seul fait des poètes, elle l'est d'autres créateurs, du peintre chinois qui, d'« un seul trait de pinceau », fait surgir le bambou ou de Michel-Ange qui arrache l'esclave au marbre. Ceux-là, Franc Ducros ne les oublie pas, mais c'est quand même aux poètes et, entre tous, à du Bouchet qu'il voue son attention.

Son livre est rare, partant précieux : d'une préciosité qui, loin d'être ridicule, force l'admiration. Il n'est pas tout à fait seul en son genre, mais son genre est singulier : ni philosophie (construite ou déconstruite) ni littérature, l'écriture y oscille entre prose et poésie ; peut-être plus proche de la poésie que de la prose. Sans doute parce qu'inversement la poésie qu'il médite, qu'il répète à sa façon, semble plus proche de la prose : celle de Hölderlin parce qu'elle ne se livre à nous que traduite, celle de du Bouchet parce qu'elle mêle le plastique au poétique. Traditionnellement la poésie est chant, et les ressources de la prosodie s'y emploient : métamorphose du souffle dont s'enchante l'oreille — une oreille secrète quand la voix du lecteur est silencieuse ; et le sens, tout entier pris dans le sensible, pâti plus que conçu, est comme l'émanation de cette musique discrète. Mais quand le lecteur est invité à prendre en compte la disposition typographique du poème, qui souligne elle-même l'extrême sobriété du langage, et que les mots déliés et fortement éclairés portent selon leur place toute la charge sémantique, il semble que, de l'œil au sens, la médiation de la voix soit écartée ; le sens tente alors de s'arracher au sensible ; certes il reste pris dans l'épaisseur du visible qui lui interdit la transparence d'une vraie discursivité ; mais le corps n'est plus de la partie aussi pleinement que lorsque sonne la vive voix ou que s'articule une voix muette. L'œil est ce qu'il y a de moins charnel, de moins sensuel, on aimerait dire : de plus intellectuel, dans le corps. Au lieu que le souffle qui anime la parole est directement embrayé sur l'énergie vitale. Et peut-être les règles, aujourd'hui caduques, de la prosodie, si elles réprimaient le cri, l'expression du corps sauvage, ont-elles permis, mesurant et rythmant le souffle, que se laisse encore entendre, apaisé mais non proscrit, le bruissement de la vie, pour qui profère le poème. Même les poèmes de du Bouchet, et Franc Ducros le sait bien : «poèmes respirés. Qui respirent.», dit-il, reprenant le verbe au poète. Mais comment l'interprète-t-il ? «Respirer : scander. La "substance... qui souffle" fait et défait. Déploie et foudroie. Ainsi avance le poème, sur le rien. Dans le rien. D'où il naît. Qu'il rejoint. » Et sans doute ce rien est-il là, dans ces «blancs» qu'a célébrés Henri Maldiney, qu'il observe aussi dans la peinture Sung ou dans les dernières aquarelles de Cézanne. Le poème est de part en part dépouillé : sans emphase, sans pathos, les mots les plus simples, les plus contrôlés. Ce dénuement veut-il nous rappeler que les dieux sont morts et que nous sommes au temps de la détresse ? En tout cas l'enfant Dionysos en nous ne danse pas. En rendant la poésie «étrangère à toute mélodie», ce rien ne fait pas la partie belle au corps — ce corps jouissif, sinon glorieux, de qui ailleurs mâche et goûte le poème.

Cette poésie qui, privilégiant l'œil, est moins chant que parole, sollicite avant tout l'intelligence. Mais elle ne livre pas un sens aisément maîtrisable. Comment la comprendre ? En entrepre-

nant peut-être de la reprendre : on risque moins ainsi de lui faire
tort. C'est le parti que prend Franc Ducros. Son livre est de quasi
poésie. Les mots mêmes du poète, ou les éléments de phrase, que
sertissent les blancs, il les emprunte, avec leur charge poétique ;
mais il les insère dans des phrases plus longues, solidement bâties,
et que nul espace intervallaire ne déconstruit, des phrases qui se
réclament de la prose. A rester cependant dans la proximité du
verbe poétique, le commentaire prend l'allure d'une méditation :
lente, patiente, insistante. Le lecteur en admirera la tenue. Quant
à la teneur, le titre l'annonce : il s'agit de dire comment le
poétique, pour qui sait le lire, introduit au réel, et le livre se clôt
sur ces mots : «aléatoire de la lecture : abouchement au réel».
Cette vertu du poétique, le premier essai qui ouvre le livre et en
garde le titre l'affirme avec force : comme une thèse — un thème
que «développe» et «varie» tout au long du livre la longue exégèse
de la poésie de du Bouchet, et en troisième partie de certaines
œuvres classiques, œuvres où, pour l'auteur, se prépare l'accès au
réel.

   Qu'en est-il de ce réel ? Il ne faut pas — il y a quelque temps
déjà qu'on nous en avertit — le penser comme un objet ou un
système d'objets face à un sujet, disponibles, apprivoisés, maî-
trisés ; ce qui se révèle à travers la grille des «langages impoéti-
ques», ce qui est su, institué, administré, une nature dont nous
nous rendons «maîtres et possesseurs», cela n'est pas le réel. Peut-
être, oserai-je le dire, se débarrasse-t-on un peu vite par ce désaveu
de ce que la science enseigne et que la technique vérifie ; ce vrai
éprouvé, qui instaure un peu partout des îlots de rationalité, il
faudrait au moins le situer par rapport à ce qu'on privilégie comme
réel, plutôt que d'y dénoncer «un amoncellement indéfini de
simulacres» à quoi «tout est réduit» par le savoir ; il serait trop
simple de le dire irréel, illusoire, pour ne pas avoir à comprendre
comment il s'impose à nous et nous aide à vivre. Reste cependant
que ce n'est pas ce monde objectif que vise la poésie. De ce qui est
réduit à la positivité, «elle fait surgir le tout-autre» : ce qui est
antérieur à toute réduction, le réel. Ce surgissement, elle ne le
produit pas, mais elle le montre ou elle l'annonce : comme d'une

apparition. Car ce réel, c'est l'imprévisible, qui «advient» et qui apparaît à qui le laisse être. Mais d'où vient que cet apparaître requiert la médiation du poète ou du penseur? C'est que ce qui apparaît, c'est «l'impossible source», Franc Ducros dit aussi, commentant Lucrèce, «un "fond" qui, se déchirant, se donne du même coup à (perce)voir comme *sans-fond*», l'amorphe vers lequel fait signe la forme, quand à la fois elle se déploie et se dérobe, l'*Urgrund*, dit Schelling : ce qui est avant toute nomination, avant toute pensée, l'originaire. Mais pourquoi ne pas dire la Nature ? plusieurs mots dans ce livre pointent vers ce thème : le mot énergie, qui dit peut-être ce que veut dire *physis*, le mot substance, «l'Un sans figure dont toute figure se constitue», dont une figure est la terre ou mieux la pierre — l'assise du temple selon l'analyse de Heidegger ou le marbre dont émerge la statue inachevée —, déjà du naturé sans doute, mais qui tient en filigrane le naturant, la Terre-Mère : «Terre — parlant avec la première énergie», dit du Bouchet. Et s'il est quelquefois question du vide ou du silence, d'un vide qui n'est pas creux, d'un silence qui n'est pas muet, ou encore de la chair chez Merleau-Ponty, ne sont-ce pas d'autres noms pour cet innommable ?

Pour concevoir une approche de cet insaisissable Etre sauvage, la réflexion doit se situer en deçà du couple sujet-objet, élaborer l'idée d'être-au-monde, en venir à une philosophie de la présence. Tant pis pour ceux qui, un peu vainement, y flairent un relent de théologie. Cette présence, on la verra évoquée à la fin du livre, ouverte sur l'originaire comme lieu pour tout avènement : «présence de la présence et présence à la présence, traversée mutuelle-en-coaction- du je — du mot et de la chose — de la substance». Du mot, oui, car le langage, tant qu'il est poétique, appartient à l'originaire, s'origine dans la Nature. Difficile à penser, certes, quand on considère un langage récupéré pour un usage prosaïque dont la vertu sémantique se substitue à la vertu ontologique. Dans un texte non moins difficile, Franc Ducros s'emploie à dire que le mot (re)devient la chose lorsque, avec du Bouchet, «le mot écrit — est ramené — à la subversion du proféré», rendu à l'énergie du souffle qui relaie l'énergie de la *physis* :

« Tout devient mots
terre
cailloux
dans ma bouche et sous mes pas »

Parce que les mots deviennent tout : la voix qui les profère est parole — parole qui déborde la langue, qui « abouche au réel », entendez : qui donne à le pressentir. Faut-il dire qu'ainsi du Bouchet « excède » Mallarmé à qui n'importe que « le chant », « la musicalité du tout », et non qu'à la fleur chantée, absente de tout bouquet, manque le parfum ? Le verbe de du Bouchet est-il plus « terrestre », comme le dit Maldiney, plus marqué par l'insistance silencieuse du fond ? S'il l'est, c'est au prix d'une plus grande austérité. Mais ne peut-on penser que d'autres formes du poétique peuvent aussi se tenir dans la proximité du réel ? Peut-être les poètes — les vrais — sont-ils moins rares que le dit Hölderlin. Mais ce qui comptera aux yeux du lecteur, c'est que ce beau livre lui offre une méditation très serrée de la parole poétique, et qu'il suggère, si je le lis bien, d'inscrire cette parole dans une philosophie de la Nature.

MIKEL DUFRENNE

LE POÉTIQUE, LE RÉEL

Presque, pour commencer en forme de boutade, mais peut-être, plutôt, d'énigme, j'en viendrais à dire que, s'il était vrai que tout mot est par défaut — *en* défaut, plutôt, par rapport à ce qu'au-delà de lui-même il désigne —, le mot « réel » serait, de tous le plus exemplairement, *le* mot *du* défaut : il désigne ce qui — réel —, du même coup apparaît comme l'*excès* même, étant le facteur de tout défaut : non seulement du défaut de tout mot, mais de tout étant par rapport à ce qui, sans possible nom, le porte et l'enveloppe, l'imprègne aussi — le traverse —, parce qu'il le forme, tout en continuant à en constituer le « milieu inapparent ». Lequel « milieu » peut se dire *réel* : il met en jeu l'*être*, ou le *rien*[1]. L'*ouvert* aussi. Il est, dit Novalis qualifiant du même coup la poésie, « absolu » — entendons : sans solution. Ni résolution. Ouvert, justement.

A très peu près, j'aurais déjà tout dit.

Procédant à peine moins énigmatiquement, j'ajouterai pourtant que par *réel* s'entend ce qui, sous certaines conditions, peut s'entendre. Se comprendre. Mais que nous ne comprenons pas au sens où nous comprenons habituellement, c'est-à-dire où nous nous mettons en position de ne pas comprendre puisque, alors, nous ne prenons pas *avec* nous, ni ne sommes pris *avec* ce qui nous prend, ainsi que le voudrait le sens originel du terme, mais que — relation distordue et, par la distorsion, bloquée — la loi de « volonté de

volonté » qui ne cesse de nous « vouloir », selon l'exigence inhérente
à l'ordre, où nous en sommes venus, de la « métaphysique achevée »
propre à « l'âge de la technique », nous pousse à nous placer en
position de « maîtres et possesseurs », appelés à dominer ce que,
dès lors, nous ne pouvons plus que *vouloir* prendre — non *avec* nous,
mais *sous* notre maîtrise. Alors le *réel* apparaît comme se tenant
hors de toute possibilité de saisie par les mots : mais peut-être
n'est-ce que parce qu'aux mots la « volonté de volonté » a dû conférer
la prééminente, voire exclusive fonction de saisir — au sens
grossier d'empoigner, pour dominer et maîtriser. Alors que le *réel*
ne peut être — immémorial savoir — que ce que les mots, au mieux,
saisissent au sens plus fin de : perçoivent et accueillent et,
l'accueillant, montrent et désignent, mais qu'ils ne sauraient
capturer ni réduire à leur merci. Il est ce dont Bataille, qui le
nomme aussi « l'impossible », dit que « les mots ont pour fin de (le)
nier » — ajoutant avec un humour objectif mal perçu jusqu'ici, que
c'est pour cette raison qu'ils le disent « difficilement »[2]. Impos-
sible, le *réel* ainsi posé dans sa relation aux mots ferait de tout mot
s'ouvrant vers lui une figure de la *mort*. Du même coup, il se
configurerait lui-même comme cette Mort, d'où tout mot s'origine-
rait et que — au-delà ou en deçà, en dépit, de sa « lettre » — tout mot
infailliblement figurerait. Il ne peut en aller autrement quand
l'être-de-l'homme est pensé commé voué à dominer le monde — dès
lors : son « objet » —, par quelque « procédé » ou « méthode » que ce
soit. Les « langues impoétiques, nombreuses » que, le premier les
révélant, Hölderlin aura désignées[3], « l'esprit de la nuit » les aura
multipliées, langues « scientifiques » proliférant à la mesure de la
volonté — acharnée jusqu'à devenir délirante — de réparer le
« défaut » supposé essentiel aux mots, et de nous placer dans le
leurre historial que, quadrillant l'espace entier du monde, elles
pourraient nous rendre capables, les maniant, de le posséder. En
fait, par elles maniés et manipulés, il nous est, si nous savons
l'entendre, par elles-mêmes signifié que notre pratique intelligente
ne sait plus que viser à cette possession, en quoi est appelée à se
résoudre, par suppression, le jeu de toute disparité et hétérogé-
néité, pensées comme oppositions à réduire : univers de l'exclusion

dont la brutalité, quand l'ouvrage de réduction est achevé comme il l'est aujourd'hui, ne peut plus être perçue, mais qui s'annonçait, en tant que destin de l'Occident, dès la *Théogonie*, ainsi que l'infère — premier lecteur critique d'Hésiode — Héraclite pour qui l'opposition des contraires était harmonie non, comme chez Hésiode, par suppression, assujettissement et réduction, mais par irréductible co-action, en déploiement irréductible, de contrastes eux-mêmes irréductibles[4].

Il est pourtant des pratiques où, sans cesser de relever sinon de ces considérations, du moins de celle — à la fois expérience et aporie — qui les fonde toutes comme une évidence, à savoir qu'il est (le) *hors-langage*, le *réel* devient susceptible d'autres relations : au langage et, par lui, à nous. Car : qu'il soit — immémorial savoir — hors-langage, cela n'est un effroi et une désespérance (avec tous les effets d'acharnement à s'en prémunir et à en réparer les effets) que depuis que l'homme a cru pouvoir dire :

«Je suis maître de moi comme de l'univers.»

Mais le Grec — et encore Aristote — nommait le *réel* : *ta geno-mena* : les choses qui ont (eu) lieu. Comme tel, avènement de l'événement, réel était tout étant *((e)on)* dans son apparaître et son «se-faire-à-nous-présent-dans-son-être». Telle est du moins l'écoute que, par Heidegger, nous pouvons avoir de la tradition qui portait encore Aristote, bien que — pluriel neutre nommant les choses advenant ou advenues — *ta genomena* construise déjà une catégorie : l'avènement lui-même de ce qui advient, singularité réitérative où se révèle l'Etre de l'étant, tend à s'y invaginer dans une abstraction généralisante qui n'était peut-être pas la pensée d'Aristote, mais qui est à coup sûr devenue celle de l'Aristotélisme, dans tous les siècles ultérieurement accumulés. Où la catégorie a perdu ce que disait peut-être encore le neutre pluriel : l'implication de l'Universel dans le Singulier.

Cette acception primordiale du *réel*, qui met en jeu l'*advenir* et, co-occurremment, la *rencontre* articulant dans le même moment et mouvement ce qui advient, ce dans quoi (ou : d'où) cela advient et celui pour qui, ou en présence de qui cela advient, j'en retrouve la connaissance qui nous convoque chez, par exemple, Henri Maldiney quand il écrit : « Quel est l'indice universel du réel ? — son imprévisibilité singulière [...]. Ce qui nous est donné. C'est, comme disent les Japonais, le "Ah !" des choses. » Et surtout cette formule décisive :

« Le Réel est toujours ce que nous n'attendions pas[5]. »

Sa « venue », commentent Charcosset et Rordof, « réfute notre habituelle volonté de le concevoir et de le soumettre à nos lois »[6]. Où se confirme que le *réel* n'est au-delà de notre prise que parce que nous sommes acharnés à la prise, et à le « soumettre » à des lois, les nôtres, que nous avons fabriquées : à le rabattre de force, par inclusion, dans le connu. Mais où l'on voit aussi qu'il ne se dérobe pas seulement à cet effort, mais que — pour être ce qu'on n'attendait pas et qui déjoue les appareils et systèmes — il est de l'ordre de ce qui advient. Singulièrement. Ordre de l'*apparaître* que l'expérience commune ne connaît, au mieux, qu'advenu — rétrospectivement ; mais dont l'acte poétique est connaissance immédiate, inhérente à cet instant : « instant de foudre », dit Mallarmé, instant, pour Cézanne, où « les terres rouges sortent d'un abîme » — « moment pathique » d'Erwin Straus tel que le retravaille Maldiney, d'où s'ensuit : « Il n'y a de réel que pour qui le rencontre dans son apparaître[7]. » Où se dit qu'il n'advient pas toujours, ni pour chacun. Mais qu'il y faut une disposition à laquelle nos modes habituels de connaissance ne nous préparent pas. Qu'ils nous interdisent plutôt, sous couvert de nous prémunir du danger qu'en recèle la rencontre. Elle en devient, dès lors, hautement improbable. Et, si malgré tout elle advient, meurtrière. Car alors ce qui advient — avènement d'événement — vient trouer et faire voler en éclats les représentations, avec les modes connus de les constituer, que la culture apprise a instaurés pour nous « protéger » de tels assauts.

Mais celui qui *peut* le rencontrer dans son apparaître n'en aura jamais fini avec lui :

> « ... dire
> ce qui est, on
> ne le peut pas,
> mais le redire sans répit[8]. »

Immémorialement le poétique aura été la pratique — pour cela même inépuisable, et dangereuse, mais aussi (l'urgence de cet effort restant, dans l'âge présent, méconnue, ou sinon redoutée) volontiers et indifféremment jugée anodine ou aberrante — et qui a pour vocation de se tenir à l'écoute, ouverte à l'accueil et à l'attente de ce qui, imprévisible, advient. Ouverte à l'Ouvert, elle est *pro-vocation* — au sens d'*appel*, comme on parle d'un appel d'air — *pour* que, dans cette ouverture de l'attente et de l'accueil, vienne à la présence ce qui, alors seulement, sera su le Réel.

Il a pu, parfois, en paraître autrement. Et notamment que, représentation, le poétique se constituait comme activité imaginante. Vérité. Mais vérité non essentielle. Car l'engendrement de *figures* est exigé par l'essence même du *réel* et de l'approche de celui-ci (qu'on entende cette formule comme un génitif objectif ou subjectif), si l'on veut bien considérer que, sans figure, Ouvert et continu, le Réel est ce d'où tout étant s'origine et s'engendre, si bien que toute figure, de lui issue, sera du même coup la voie d'accès nécessaire — obligée — de ce sans figure qu'il est vers nous, en même temps que de nous-mêmes vers lui. *Détour* vers et depuis ce qui, à la fois, la produit — d'où elle émerge —, la porte et l'enveloppe, l'imprègne aussi, et qui est ce dont, au-delà (en deçà) d'elle-même, elle montre, en elle-même inclus, l'apparaître, la *figure*, dans la relation de co-appartenance et de co-action de la rencontre, se donne *hic et nunc* comme la forme du sans-forme : elle est ce discontinu, forme issant par catastrophe du continu, et qui donne à percevoir le continu du sans forme s'incluant en elle apparaissante. C'est pourquoi elle reste éventuelle : liée à l'avènement ; et aléatoire, car elle relève de la rencontre ; transitoire aussi, car livrée au passage : appelée à être, aussitôt que surgie, excédée.

Elle est, par le détour qu'elle est, accès au sans accès.

Méditant une parole de Hölderlin, Heidegger en vient à dire, quant à notre position à l'égard de l'essence du poétique :

> « Nous modernes, n'avons sans doute pas le moindre soupçon de la façon dont les Grecs vivaient et pensaient la haute poésie, dont ils vivaient et pensaient les œuvres de leur art — non pas : "les vivaient", mais les "laissaient se tenir" dans la présence de leur paraître [9]. »

Au prix, parfois, de la plus terrible violence, la pratique poétique de la modernité a dû réapprendre les effets de la fracture — instauratrice d'oubli — qui s'est historialement ouverte entre le « laisser être dans son être » ce qui se donne, et la pratique moderne de la « volonté de volonté » qui veut s'en emparer. Et, du coup, le perd.

J'en prendrai pour exemple Rimbaud, quand — dans *Mémoire* [10] — il écrit :

> « Jouet de cet œil d'eau morne, je n'y puis prendre,
> ô canot immobile ! ô bras trops courts !, ni l'une
> ni l'autre fleur : ni la jaune qui m'importune,
> là, ni la bleue, amie à l'eau couleur de cendre. »

L'effort — de « prendre » : geste du savoir métaphysique — est toujours trop « court ». Dans l'eau les fleurs restent insaisies. Qui veut s'en emparer et les ravir, reste le « jouet de cet œil d'eau morne ». Ni sa propre mesure (« bras trop courts »), ni les engins techniques (« canot immobile ») ne le rendent « maître et possesseur » des figures du monde telles que, pourtant, elles sont en train de se donner. L'une, la « jaune », « l'importune » par son apparente hétérogénéité à « l'œil d'eau » : figure solaire, elle n'est, dans l'eau inverse, que la copie dégradée du soleil, ne disant rien de l'essence tout autre de cet « œil ». Mais l'autre, « amie à l'eau couleur de cendre», continue à se révéler inatteignable dans l'acte même où, pourtant, elle apparaît — se révélant du même coup de la même substance que ce qui, dès lors, se donne comme le Réel : elle révèle à la fois l'essence de l'eau, et qu'elle en participe, selon l'usage qui, pour être patoisant, n'en est que mieux adéquat, de «à», préposition par excellence de la co-appartenance. Mais cette *sub-stance* dont elle relève n'en reste pas moins hors de toute prise, se configurant dès lors — à celui qui, au lieu d'entendre la révélation qui, là, lui a été faite, *veut* se saisir de l'objet où la chose advient — comme lieu de la mort : œil morne, inverse de l'œil solaire absent. Réel, facteur de mort : impossible. *Nefas.*

La grandeur de Rimbaud aura été, effectuant le geste de la technique, d'en faire du même coup éclater l'impossible : «Ce n'est rien : j'y suis, j'y suis toujours [11].»

Au fondement de la modernité, cependant, Hölderlin ne s'était pas seulement avancé sur le même chemin. Dans la lancée vertigineuse de son élan, il en avait déployé toutes les possibles implications et inférences, que deux siècles, peut-être, n'ont pas encore révélées à leur essence essentielle [12].

La rencontre — nul plus que Hölderlin n'aura éprouvé qu'aléatoire, éventuelle, elle est immémorialement approche mortelle. Mais il aura su aussi que si, pour le Grec déjà elle relevait du *nefas*, le Réel alors n'était pas pour autant pensé comme impossible. Car le Dieu, par «sollicitude», avait disposé entre l'homme et l'insupportable splendeur de son Etre — du Réel en Cosmos —, le voile transparent qui en permettait l'expérience sans danger. La tragédie peut même se penser comme la représentation du manquement à la loi du voile : catastrophe du voile déchiré par le geste de l'*hybris*, ou imprudemment ôté, comme il advint aux amantes mortelles de Zeus consumées d'avoir voulu le contempler dans sa splendeur. Mais dans le «temps de la détresse», dont Hölderlin éprouve et révèle qu'il est devenu le nôtre, c'est ce manquement lui-même qui est devenu la loi de l'émergence du Réel :

«Arrive, feu !
Nous sommes avides
D'assister au jour!»

Il est vrai que l'encombrement des «langues impoétiques» en interdit en général la possibilité même d'avènement : dans ce temps

> «Le Divin n'atteint pas les cœurs fermés.»

Alors, la rencontre n'a pas lieu : le Réel se retire — c'est le monde des «derniers hommes», que nommera Nietzsche. Mais s'il arrive — aux rares dont il est dit : «Mais quelques-uns veillaient» — qu'il surgisse, ce ne peut être pour eux, privilège redoutable, que l'extrême péril :

> «Tout proche
> et difficile à saisir, le Dieu!»

Pourtant, le premier, Hölderlin aura su que la question, ici, est d'une modalité de relation — à trouver. Puisque

> ... «au lieu du péril croît
> Aussi ce qui sauve».

Alors le *Nefas* — le Réel impossible — se fait possible. Il y faut, non le «saisir», mais l'accueil : l'ouverture. Qui n'ira pas sans «brûlure», comme en témoigne Œdipe :

> «Douleur aussi, cependant, lorsque l'été
> Un homme est couvert de rousseurs —
> Etre couvert des pieds à la tête de maintes taches! Tel
> Est le travail du beau soleil.»

Mais à se brûler ainsi, le «cœur», s'il ne meurt pas, se fait

> «infaillible cristal, auquel
> La lumière s'éprouve».

Et du Réel, Hölderlin peut en venir à dire non plus, comme Hypérion et plus tard Rimbaud : je m'en empare et... ne peux m'en emparer ; ni comme Empédocle se jetant dans l'Etna, ou encore Rimbaud se rêvant «étincelle d'or de la lumière nature» : je m'y anéantis ; mais — le Réel se nommant par les noms des Dieux,

« voile du chant » qui les montre, en transparence, à travers sa propre substance — :

> « Je me les nomme en paix. »

Alors peut se dire :

> « Aux jours
> Limpides, la lumière
> Est d'argent. Comme un signe de l'amour
> La Terre bleu de violette. »

Ou :

> « Et la neige comme des muguets de mai qui signifie
> Noblesse d'âme. »

« L'enfant aux cheveux gris » a accédé à *La vie joyeuse*. Elle est cet « habiter » au « pauvre sol » — qui « fleurit ». Et là, elle est « bouger *avec* » ce qui bouge : avec « l'habit », qui lui-même « bouge avec la brise ». Alors l'irruption, dans le cadre de la fenêtre, des visages de la terre, dans leur apparaître toujours, selon l'heure et la saison, renouvelé, donne à vivre l'équilibre souverain du « laisser être dans son être » ce qui *est*, et qui, à cette condition atteinte, se donne comme le Même en ses infinies configurations, selon leurs contrastes éventuels accordées. La violence mortelle du Réel s'est faite, pour lui, approche suave du Réel.

André du Bouchet, le seul aujourd'hui, depuis notre lieu, à s'être porté loin au-devant de Hölderlin « venant vers nous », écrit :

> « De nouveau la terre transparaît, anachronique. où
> nous sommes.   sur son éclat
>   à perte de vue [13]. »

Une autre relation au Réel s'invente. Où le Réel ne serait pas — n'est plus — mortifère, mais se révèle comme le « rapport-qui-porte-l'homme » : *rythmos*, dit Heidegger, qui en précise le sens : « proximité du sans-accès » — comme « région » [14].

En venir à cette proximité c'est, poursuit Heidegger, le lot *(Moïra)* des « rares à devenir poètes ». Ils ne font, là, que « montrer » cette région[15].

Mais cela, souligne du Bouchet, ne va pas sans une nécessité absolue : celle de la présence : il *faut* être tout présent à la présence quand, dans cette approche, elle advient[16]. Alors seulement s'effectue l'acte par lequel — débordement mutuel de tous les termes venant en présence — la parole qui montre devient

— « parole débordée »[17] —

la parole qui accueille et la parole accueillie, elle-même alors se muant en ce qu'à la fois elle porte et par quoi elle est portée : accès au Réel.

PREMIÈRE PARTIE

ICI : DE TOUJOURS
À TOUJOURS

Que — d'un livre si proche de nous qu'à peine peut-il paraître encore dans sa présence, à des livres dont deux millénaires, ou davantage, n'ont cessé d'occulter l'insupportable de la substance qu'ils mirent au jour, se constitue une proximité perçue comme nécessaire — c'est ce qui fonde et justifie l'apparent « grand écart » qui consiste à — abruptement — passer, dans ce qui suit, de *La notion d'obstacle* à *Alexandra*, puis au *De rerum natura* et à la *Théogonie*, avant d'en revenir à *La maladie de la mort*.

La question y reste celle du Réel : les poèmes anciens, en réponse à ce qui, aujourd'hui, en figures d'obstacle et de mort, questionne, en enseignent les implications et les naissances.

CE QUI N'A SENS NI MOTS :
« ... UN POINT, VERTIGINEUX »

(Note pour *La notion d'obstacle*, de Claude Royet-Journoud)

« *L'accomplissement de cette tâche s'ouvre sur le sommeil* », dit splendidement, auguralement une *Voix dans le masque*. Masque sans doute qui fait leurre, ne serait-ce, comme le dit Anne-Marie Albiach, que parce qu'il « déporte [...] la Voix », en « accus(ant) le visage », c'est-à-dire aussi l'effaçant, et ainsi dédouble aussi bien la voix que le visage, les perd — « comme ce corps » qui en acquiert « sens », un sens double lui aussi, naissant de la perte du corps par la suppression qu'en opère la marque et par le remplacement qu'elle en effectue à travers dédoublement, perte d'identité et sens — égarant — de l'opération, mais du même coup, et indéfiniment, sens — voire corps —, appelé à ressurgir, toujours perdu jusqu'au terme impossible du livre, du démarrage qui s'induit de ce qui se perçoit, qu'

une force passe de main en main.

Indéfiniment l'accomplissement est inaccomplissement, impossibilité d'achever

(« *je pense que la "modernité" a montré qu'on ne peut qu'inachever nos livres. Oui, structurer un livre c'est chercher le déséquilibre du livre, la façon dont il ne peut que s'inachever* »)

parce que l'effort — la tâche — sans cesse est traversé par cette « force ». Effort et force luttent, se combattent, se jouent et sans fin

« le sommeil », énigmatique figure de la fin sans fin, est ouverture :
l'accomplissement (s')ouvre ; l'accomplissement, c'est que cela
puisse toujours se poursuivre : « ... pas de destination », dit André
du Bouchet, et Bataille : « je n'aboutis jamais »...

A condition d'affronter, par le travail lui-même, ce qui
cruellement fait « obstacle » au travail nécessaire — et cruel — de
« tout ramener au noir », c'est-à-dire : à condition de (pouvoir)
traverser. Traverser le masque ou l'immémoriale fiction, figure (de
ce) qui finit par produire l'illusion, ou leurre, de l'achèvement. Car

> *Elle ne connaît que ses murs*
>
> *la fiction*
> *par à-coups.*

Quelque chose ici se dénonce et s'affirme : la fiction est « murs »,
limite et enfermement ; les « à-coups » sont en premier lieu la loi de
son apparaître, de son surgissement, « obscène », à partir d'un arrêt
— d'un « obstacle » — et de la scansion qui s'en génère

> *(« pour que la pensée se*
> *fasse acte, il faut qu'il y ait arrêt, d'abord »)*

mais en même temps ces « à-coups » sont aussi ce qui (peut) la
ruine(r) : la force d'ébranlement qui (peut) la brise(r) jusqu'à
l'irréductible — par quoi s'accomplit l'inaccomplissement :

> *Tout ramener au noir*   *coup de langue*
>   *jusqu'à la corde*

Réduction à l'irréductible. Implosion. Noir. Neutre. (Point.)

Fiction, le livre n'est aucune fable particulière. Plutôt la
virtualité, ou potentialité de toute fable. Ce serait l'aristotélisme
enfin achevé, forme universelle, si cette forme des formes n'était
pas traversée par l'autre de toute forme, irréductible à toute
réduction à une forme : énergétique *travail du nom* qui se diffracte,

se (dé)multiplie et néanmoins se donne encore — remontant vers nous de quelle généalogie que nous croyions perdue : *ate* — comme capable encore de référer, de nous assigner et de nous fixer à cette ancienne folie, qui nous ligote donc encore, effectuant l'immémoriale violence de tout nom : *vois-ci* — fixation qui provoque *l'atterrement*, à la fois retombée sur une terre, terre fictive en l'occurrence, ersatz de *la terre*, on le soulignera plus loin, espace de rabattement qui se constitue dans l'acte lui-même et terreur — double : terreur des avatars de la nomination et terreur de cette retombée sur le sol fictif de la référence. Et ainsi, toujours, l'effort est à refaire, obstiné, il faut reprendre : *autre/pièce*, et affronter la traversée, peut-être impossible, du « *corps de la mère* » — opération qui devrait effectuer l'« *épierrage du jardin familial* », opération par laquelle « *la fable s'élude* » et où pourrait enfin se donner la chance d'« *écrire sous son nom* ». Par purs *simulacres* dès lors, où la surface sans fond serait indéfiniment atteinte et parcourue, à l'impossible issue de la catabase, vers ces « *femmes* » qu'alors nous deviendrions, qui « *portent la nourriture* ».

C'est vers « *l'effort de leurs mains* » que s'efforce « *La voix qui descend* ».

Elle, cependant, « *n'est plus sa propre histoire* ».

Par le travail qu'elle effectue les mots écrits s'engloutissent dans ce d'où ils sont issus et qui se donne — infigurable figure — comme non écrit : « sommeil », fausse profondeur où gisent invisibles, appelées à monter affleurer vers l'apparente surface, à replonger dans son illusoire envers, toutes les marques qui pourront — et ne pourront jamais — s'y inscrire. Le livre est l'espace d'une virtualité qui resterait virtualité même à supposer absurdement qu'elle puisse s'effectuer. La figure ici ne se supporte que de ne plus pouvoir se dire, sinon comme insupportable ; le livre n'est fiction que de l'impossibilité advenue de toute fiction dès lors qu'a été trouvé le « déséquilibre » qui l'(in)fonde ; il n'est figure que de l'impossible atteint de toute figure :

> *Maintenant la nuit est comme l'image*
> *Il ne fut question que de cela.*

Autant dire, par défaut, qu'il est meurtre, à la fois acte meurtrier, lieu du meurtre et objet tué : le visiblement écrit est suicide en figure. Octavio Paz évoquait « l'objet à une dimension qui ne porte aucune ombre ». Un pas de plus, vers parfait, « sobriété sacrée », et l'espace contracté en phrase — destin connu de tout écrit — implose pour finir, ou plutôt pour, enfin, commencer, en un point :

> *L'espace est une phrase que le point rassemble.*

Tout le « blanc », tout le « noir », « sommeil » et « tâche », « espace » et « phrase », « masque » et « voix », se réduisent à ce point. A partir duquel il n'est plus d'autre issue que de « poursuivre ». « Continuer sur un point, vertigineux », dit Claude Minière ; ce qui dit assez la nature énergétique du point, issu d'implosion mais du même coup déployant en nouveau départ un texte qui, dès lors, ne pourra plus s'écrire qu'en disparition — *« vers le neutre »*, *« histoire du froid »*, où *« tourne court/l'obscène fabulation »* — ou plutôt, par un « renversement » (pouvant à tout instant advenir « à partir de l'accident » qui relance —, comme institution d'un (non-) lieu, provisoire et momentané, qui est à la fois ce qui indéfiniment a lieu, ce qui y a lieu, et qui est et n'est pas — ce qui se donne, si et quand cela se donne, et ne se donne jamais que comme absence de soi :

> *c'eût été quelque chose comme.*

C'est pourquoi ce qui est écrit n'est pas à proprement parler un reste, ni tout à fait « l'apparence fausse de présent » de mallarméenne mémoire, mais plutôt ce qui — inidentifiable — désigne pourtant un Autre ininscriptible, invisible, in(dé)fini : corps perdu, se perdant, surgissant aussi bien, ce corps, *« phrase à venir »* qui *« fait récit de sa propre surface »*. Ce qui est écrit en est comme la ponctuation, ensemble de marques d'une scansion qu'inscrit le point qui file et se trace en déploiement, notant un rythme — « une force », justement.

Cette entreprise tout à la fois achève Mallarmé peut-être, et l'excède, faisant le pas au-delà, vers où Mallarmé n'est pas allé. Car ce qui a lieu ici ne repose plus sur l'acte de foi pathétique que le monde est fait pour aboutir à un livre, mais relève plutôt de l'expérience, plus récente et qu'on ne peut pas dire inverse car elle est sans autre point d'appui que le point d'implosion, que le « monde » aujourd'hui, le nôtre, fausse terre, est — toujours, déjà — non (plus) un livre, mais un amoncellement de signes démarrés, en déchets qui pullulent, pour gérer et administrer, faire loi et autorité — régler toute (la) vie : inflation du symbolique, « métaphysique achevée »... d'où s'ensuit qu'écrire aujourd'hui n'advenant plus guère que depuis l'intérieur de la para-borgèsienne bibliothèque qui n'a pas d'extérieur *(« elle ne connaît que ses murs »)*, il s'agit de travailler à produire dans ce corps chaosmique — « corps de la mère » et « jardin familial » — les effets meurtriers sus-dits. Pour cela et pour, sinon délier du « sommeil » où il gît enfoui cet autre « corps », « phrase à venir » encore et qui « dans sa perte [...] prend sens », du moins pour en désigner l'imperceptible et pourtant persistante existence, « nettoyer la langue » jusqu'à frapper d'inanité ce seul corps resté apparent du « monde », le réduire jusqu'au « neutre » qui n'en laissera subsister que l'irréductible d'une autre « langue dans la langue », ce *« point »* justement, grain d'énergie, particule fusante, antitexte qui serait à la bibliothèque de Babel ce qu'au Symbolique mort serait le Réel enfin déployé.

« L'effort de leurs mains » est un travail cruel. Nécessaire et, aujourd'hui encore, peut-être, sans issue concevable. Cruauté, travail salutaire : *« elles portent la nourriture »*...

DIT DE L'OBSCUR

(Notes sur *Alexandra*, de Lycophron)

De ce monologue en abyme, dans la traduction par laquelle, voici quelque quinze ans, nous le rendit à lire Pascal Quignard[1], ne sera pas tentée ici même l'ébauche d'une lecture. Tout au plus — au mieux ? — y sera-t-il question du poétique en son essence, telle que la fiction la donne à entrevoir. Car : pour la première et peut-être unique fois dans la poésie grecque, en ce poème qui réécrit tous les poèmes et les excède, la pratique du poète et la pratique du lecteur ne consistent plus seulement, comme au « fondement » supposé, à « laisser » l'œuvre « se tenir dans la présence de son paraître », ni — comme très tôt cela advint — à finir par en perdre l'essence par « oubli » du mystère disparaissant dans le travail de « volonté » pourtant obstiné à le saisir[2]. Comme miraculeusement, un bref instant, ces pratiques en viennent à l'impossible sommet d'équilibre où les deux gestes acceptent de se co-appartenir — celui de « laisser se tenir » s'accompagnant d'un mouvement de retour sur soi qui, sans les perdre, se fait capable de considérer et d'entendre le « laisser » dans le moment et le mouvement mêmes où il advient, aussi bien que le « se tenir » et que la présence elle-même en son « paraître ».

Tout, de cette essence, s'implique et se déploie dans la fiction elle-même. Un messager, geôlier de Cassandre emprisonnée, vient devant le roi Priam qui l'en a requis, faire le récit, fidèle et véridique, « depuis l'origine et dès ce qui culmine », de ce qu'a *dit* Cassandre quand son frère Pâris s'est embarqué pour Sparte : rien de moins — jusque dans les articulations minimales des opérations rhétoriques, en leur complexe déroulement multiplement torturé, brisé, relancé en figures d'énigmes — que *toute* la « matière », épique et tragique, de la poésie grecque. Ce qu'ont chanté, ou plutôt — selon la fiction explicite du poème — ce que *chanteront* Homère et Eschyle, Hésiode et Sophocle, Pindare et Euripide. Guerre de Troie et histoire des Atrides, avec le cortège des mythes qui les fondent et la multitude des épisodes en quoi elles ne cessent de proliférer, sont ainsi données, dans le poème tard venu, comme ayant été *dites avant* que la violence mortelle s'en fût effectivement déchaînée. Dites, mais non, pour autant, sues. Car, énigmes, elles étaient restées incompréhensibles et pour cela non avenues — la raison mythique en étant que Cassandre, qui avait reçu d'Apollon le don de prophétie, s'était refusée au dieu selon que l'exigeait la loi de conjonction du divin et de l'humain, et en avait aussitôt reçu la malédiction de n'être pas entendue. Le dieu, ne pouvant annuler son premier acte — car « même les dieux ne peuvent pas faire que ce qui a été ne soit pas » —, avait du moins « frappé d'imposture » le Dit de Vérité dont il avait investi la « fille » : la parole poétique, rebelle à l'assujettissement de la loi commune, dit le Vrai. Mais le Vrai de la parole poétique reste impossible à entendre : insoumise, elle en devient in-humaine.

Du poème, je n'évoquerai que le début et la fin : les paroles que le messager adresse au roi, monologue du poète enchâssant le monologue, par lui rapporté en abyme, de Celle en qui a surgi le dit in-humain de l'Obscur. S'y explicite, incluse au poème, l'essence du poème — perçue à partir de sa propre position, et à travers elle : position complexe, elle met en jeu trois instances porteuses, chacune, d'un type singulier de parole. Le poème se joue de — et dans — la relation entre ces trois instances et les trois paroles qu'elles induisent : celle de Cassandre, celle du messager et celle — nécessairement solidaire — de l'écoute des deux autres par le roi. De chacune, le monologue enchâssant déclare, avec une extrême précision, la nature ainsi que les relations qu'elle entretient aux deux autres. La question en devient de l'*inter-relation* de ces trois instances — ou positions — et des trois paroles.

(Infirmité de l'analyse : elle dé-compose et met à plat, devant les re-présenter en succession, les choses co-présentes et co-actives...)

Cassandre : la parole de l'Obscur

Elle est « cri ».

Et ce cri « confond » — mélange entre elles toutes choses. Aussi bien, à l'inverse, elle est cri « à quoi tout se mêle ». Cri qui porte, inextricable et emmêlée, la mêlée inextricable des choses, il relève de la matérialité de ces choses : porté par la même substance, d'elle pareillement issu. C'est pourquoi ce cri reste « improférable » : il ne porte pas vers nous, pour nous, l'articulant dans la durée propre à la parole humaine, ce qu'il dit, mais le laisse « noué » — tel qu'issu du « divin ». Circonstanciellement référé à un instant précis (« elle cria », et le cri « de sa gorge brilla »), il est éclat — « jaillissement » sans temps, hors durée. Il ne peut, dès lors, se donner autrement que comme présence sans raison, faisant indéfiniment question — mystère se convertissant à chaque mot en énigme :

> « mimant si près la voix sonore, répétant la voix dont la question étreint — celle d'un sphinx : assombrissant ».

Se noue ici le paradoxe essentiel à la parole poétique et perceptible aux effets que, voix absurde, sans pourquoi, elle produit :

> « Pourquoi ma parole ? »,

dira Cassandre. Qui la qualifiera d'« énorme », car

> « se brisant par l'élusion du sens et l'absence de temps ».

Irréductible à la norme de la parole humaine qui, pour rendre audible le sens qu'elle porte, doit s'articuler dans la durée qui la déploie selon la mesure d'un « rythme » — le Dit en ce point donne à entendre la raison pour laquelle la voix ne peut pas être adressée et n'a d'autre destin que de retourner vers le mystère de l'Obscur inclus aux choses et d'où toutes choses, dont elle-même qui n'est que l'une d'elles, sont issues :

> «adressée vers l'inouï de l'écueil, vers les bois terrifiants [...] vers ce qui s'enfle de la mer, vers les vagues closes sur la profondeur sourde».

Pourtant :

Inaudible, in-humaine — un sens adressé à l'homme y est inclus : Réel à venir. Le Dit n'est «louche» et «voué d'équivoque» que parce que la loi pythique, tronquée, y est restée comme en suspens. Cette loi exigeait que la parole du divin — du Réel in-humain : portant aussi, avec toutes choses, l'humain — fût traduite et résolue en langage des hommes. Le dieu lui-même et la pythie en fondaient ensemble la possibilité par l'acte de s'unir charnelle-ment : la substance divine se versait alors dans l'humain à qui elle se rendait accessible, cependant que dans ce contact se scellait le rapport — de domination — d'un «règne» sur l'autre et s'avérait l'harmonie de l'ordre universel. Cassandre s'étant refusée au contrat, la voix du divin n'a pu être tra-duite. Non résolue — ab-solue —, elle est restée d'une essence tout autre et comme bâtarde, ne relevant pas du mariage cosmique mais, rhétoriquement placée «en abyme», abîmée elle-même dans la faille béante, consécutive à la fracture entre l'humain et le divin : *Nefas* avéré. Douée notamment d'une autre vitesse, incommensurable à celle de l'humain, elle va plus vite que le temps : elle anticipe sur le rythme des choses du monde, comme elle anticipe sur l'articulation de la parole humaine. La vengeance du dieu aura été de lui laisser ce caractère de «Réel absolu» en quoi Novalis nommera l'essence même de la poésie.

Seul le messager saura que cette parole est bien du Réel absolu en avance sur le Réel relatif, articulé dans la durée, du monde. C'est pourquoi le Dit ne sera entendu que quand il sera trop tard : quand ce qu'il dit n'apparaîtra plus seulement comme fait de mots sans relation aux faits, mais quand les faits qu'ils disaient, enfin advenus, les auront selon leur rythme — trop tard — rejoints. Alors seulement

> « la patence de ce dit se déploiera ».

Alors « Celui-là » — le roi, chacun de nous —

> « pour son malheur il l'apprendra
> dès lors qu'il n'y aura plus moyen de porter secours
>   à la terre des pères il parlera
> alors oui : il en reparlera de l'hirondelle possédée du divin ».

Entre-temps, jailli du sans-fond de l'in-humain qui fonde le monde, le cri de l'énigme s'en retourne vers l'Obscur du monde, ne pouvant au passage que

> « fai(re) vibrer l'écho nul,
>   la bouche mâchant un vide répercuté ».

Le messager : la parole de re-présentation

Homériquement, cette parole impossible est pourtant rapportée

> « dans l'espace oblique du récit ».

Le messager est celui qui, l'ayant entendue, l'a gardée dans sa *mémoire* et la restitue en la faisant passer par son *souffle* :

> « Ce qui me lie par le fait de mon souffle et
>   grâce à ma mémoire
> Tu vas l'entendre... »

Il est celui, *ho mimoumenos*, qui re-présente. Acteur d'une *diegesis* et d'une *mimesis*, poète épique et tragique à la fois, il restitue ce qui fut à la présence du présent. Son opération — *poïesis* — est d'un transport, ou tra-duction, « depuis l'origine » — cet Obscur d'où Cassandre l'a reçu et le transmet par sa voix — vers le « maître tout-puissant » qu'est le roi. Placé — intermédiaire — entre le lieu de

provenance de la parole et le lieu d'adresse et d'écoute de cette
parole, lui seul peut savoir ce qu'elle fut : dans sa lettre, puisque le
travail de re-présentation effectue le « ressurgissement mot à mot
du récit »,

> « faisant jaillir de nouveau ce qui eut lieu — en vérité »,

mais aussi dans son essence, car c'est lui qui en donne à entendre la
qualité de cri, non seulement en la définissant, mais en montrant
comment, par exemple, quand Cassandre eut cessé de parler, il y
eut là — dans cette brusque interruption du Dit — une

> « parole du poème douloureusement soustraite au mouvement du
> Dire »

— parole non proférée, restée à jamais en souffrance, non traduite
parce que non traductible en mots.

Re-présenter consiste donc à restituer la présence du Dit. Ce
travail, pourtant, ne se soutient que d'être adressé. Et même, selon
une exigence de réciprocité, écouté et entendu par celui à qui il est
adressé. Ce dernier étant le roi « tout puissant », l'œuvre de
représentation a donc lieu par la volonté de la loi qui régit l'ordre
de la société humaine :

> « C'est sans détour que je dirai toutes choses, sur quoi tu
> m'interroges ».

Cette loi est l'instance qui a « établi » le poète — geôlier, héraut et
« prophète » — à la « garde » et à la « veille » du Dit de l'Obscur. Elle
fait sur lui « harcèlement », pour qu'il s'acquitte pleinement de la
mission de re-présenter. En particulier elle exige que le récit,
« ressurgissement mot à mot » du Dit, soit *la* Vérité. La parole du
poète, parole de rediction du Dit et de re-présentation de ce qui fut
— et n'est pas encore — présent, est donc parole d'une exigence de
vérité doublement requise : par la « chose » — Réel — à dire (à
traduire et à adresser), et par la loi humaine d'adresse qui en fonde
la traduction. Du même coup elle est doublement située. Et double-
ment liée : à l'exigence de la loi humaine et à l'exigence du Réel

in-humain. Telles sont les conditions de sa Vérité, qu'effectuent à la fois la « mémoire » qui garde le Dit sans elle perdu, et le « souffle » qui en restitue l'intégralité, en le « vociférant » en deuxième lieu.

Revient ici, dans et depuis la place du poète mimétique, le paradoxe fondateur qui situe dans la faille de leur co-présence hétérogène, incomposable, le travail de lier ensemble deux paroles irréductibles : in-humaine et humaine, parole du poétique et parole du poète, déployées selon deux « rythmes » — ou articulations de leurs temps impliqués — qui les laissent inconciliables, l'une non audible et seulement répétable en sa substance close, l'autre explicative de l'impossibilité d'opérer autre chose, en cette faille, que la monstration du caractère incompréhensible de l'Obscur dont est « enduite » la première.

S'excède brusquement la poétique homérique, qui était transport, par le poète, d'une parole déjà tra-duite — « racontée » — par la « Muse », et non, comme depuis cette faille, transport vers le monde humain du cri non traduit de l'Obscur.

Le roi : la parole entendue

Du roi — de la loi humaine — vient donc au messager la fonction de « veiller » à l'émergence de la parole. Et de la re-pré-senter en ne déviant pas de la double exigence de Vérité. En tant que la parole lui est adressée, le roi est donc celui qui fonde l'exigence de Vérité de la re-présentation. Mais il est aussi — dimension du poétique tellement « oubliée » que la formuler en est devenu difficile, et que presque impossible s'est faite l'écoute de sa difficile formulation — celui, lecteur, qui *doit* accueillir la re-présentation et, l'accueillant, l'entendre selon ce qu'elle exige, si elle lui est véritablement rendue présente en son intégrité. Ce que le poète traduit vers le roi (vers nous), ce qu'il fait « ressurgir mot à mot » en présence de qui l'en a requis, cela — dit le poète au roi — doit

« ressurgir au plus profond de toi ».

La vérité du Dit incombe au lecteur autant qu'au poète : l'acte de
rendre présente la parole du Réel doit se transmettre, sans perte ni
défaillance, à travers le cri de Cassandre et le récit oblique du
poète, depuis l'Obscur jusqu'au roi.

 Il y faut la « vigilance ».

 Elle fait le lecteur actif par l'écoute — qui doit le rendre capable
d'une re-présentation de la re-présentation opérée par le poète. Si
ce transport pouvait avoir lieu, le lecteur entrerait dans la possibi-
lité, non pas comme trop facilement nous avons été habitués à
l'entendre, de faire vivre le poème en lui, mais plutôt — à l'inverse
— d'y entrer lui-même et d'y séjourner : de vivre dans le poème. Car

   « le poème fait contrée ».

Re-présenté « en vérité », il fait accéder celui qui peut l'accueillir
et l'entendre à ce que, disant, il lui montre et à quoi il lui donne
accès : au Réel.

 Toutefois, puisque le Réel que dit *ce* Dit est « malheureux »,
fondé sur l'inarticulable co-présence et co-action d'un dire in-hu-
main et d'une histoire humaine encore inconnue, le seul mode
possible d'habiter la « contrée » du « malheur » qu'il montre, semble
ne pouvoir être que l'errance :

  « alors erre d'un bout à l'autre où le poème fait contrée, erre au
  travers de ses chemins au dire malheureux... »

 Pourtant, à bien entendre : parmi tant de chemins d'errance, le
chemin du Réel est *un*. Et *le poème lui-même est ce chemin*, qu'il est
question *d'apprendre* :

  « Erre au travers de ces chemins d'un bout à l'autre, vers précisé-
  ment ce lieu : par la direction de quel chemin dressé, tout droit,
  ce chemin-ci, chemin de longue pratique, sentier usé d'allées et

de venues, et si apte au mouvement d'apprendre, guide les pas et où mettre les pieds : en l'Obscur. »

Si, pour être entendu, le poème doit être habité selon l'exigence du chemin qu'il est, il apparaît que, de cet habiter-là, dans l'Obscur où se déploie, y compris rhétoriquement, le monologue de Cassandre, seule Cassandre aura été capable. Peut-être aussi le messager : du moins sait-il pour l'éprouver dans la re-présentation, la nature de l'Obscur : faille résultant d'une fracture. Mais le roi en sera resté exclu : sinon la guerre de Troie n'aurait pas eu lieu, ni le destin des Atrides. En effet, si Priam avait pu devenir capable d'habiter le Dit selon l'exigence de ce dernier, se serait du même coup, pour lui et tous les hommes, ouverte la possibilité de franchir la limite — fracture, faille, abîme — par le dieu assignée à la parole du Réel. Mais cela n'aurait pu se faire qu'en

« dépass(ant) en courant ce que ses dits ont révélé ».

— en accédant à la possibilité d'aller aussi vite que le Dit. Et par cette vitesse devenue « divine » de l'écoute, de réduire la fatale avance du Dit sur les faits.

Pourtant : mettre ainsi Dit et faits en isochronie n'aurait pu advenir qu'à avoir compris que le poétique *dit vraiment et ne dit que ce qui est*. A avoir pu consentir au Réel en lui et par lui s'avérant.

Le poème, ici, en se retournant sur elle, dépasse la tradition d'où il surgit : si d'Homère à Euripide, les poètes mimétiques n'ont su figurer notre condition qu'en tant que *tragique*, c'est parce qu'avait préalablement fait défaut la compréhension de ce qui se jouait dans l'abîme advenu du Réel. Apollon seul, ont-il cru, aurait pu conférer à l'écoute la « vigilance » suffisante à la douer de la vitesse capable du « dépassement » exigé. Au contraire Apollon a aveuglé la parole, et voilé l'accès vers ce qu'elle disait. Il a ainsi prédisposé le tragique où ont sombré les hommes. C'est pourquoi le « Dit assombrissant » s'est accompli. Et l'on n'aura su ce qu'il avait dit — et même qu'il avait dit — que rétrospectivement, quand le

Réel inconnu se fut changé en réalité humaine. Alors sont venus Homère et Eschyle. Mais *après* Achille et Agamemnon.

C'est dans cette faille du Réel, abîme désormais lointainement advenu, qu'opère Lycophron : « horrible travailleur », ne « rythm(ant) plus l'action » mais lancé « en avant », il recommence « où (les) autre(s) se (sont) affaissé(s) »[3]. L'interdit d'Apollon, jetant l'homme en l'Obscur, a fait du Réel le lieu de l'homme. Mais le défaut de « vigilance » et l'incapacité consécutive à l'entendre et à le comprendre, ont fait du Réel le tragique : impossible et *Nefas*. La fracture entre les deux « règnes » — humain, divin — seul le poétique dit encore, obstinément, y étant, que nous y sommes plongés et que nous ne savons pas l'accepter. Mais cette nécessité où nous sommes, si elle était bien entendue, pourrait se faire capable d'une autre exigence que celle, mimétique, de représenter le Réel en tant qu'impossible : car elle est la condition qui rend possible l'acte d'en parcourir, *sans les dieux* mais par la seule force des « pas », tous les chemins — jusqu'à trouver enfin dans leur innombrable labyrinthe, *le* chemin du Réel et d'accepter d'y entrer. De ne pas cesser de le parcourir selon ce que, seul « apte au mouvement d'apprendre », il exige : « longue pratique » et réitération sans fin, car il est « sentier usé d'allées et de venues » — dans l'Obscur accepté.

En un mouvement de pensée où brusquement s'éclaire, avec l'essence et la position du tragique, le sans-fond d'où il surgit — cette « césure », dira Hölderlin, à la fois « abîme » du Réel et « pauvre lieu »[4], où en tant qu'hommes nous sommes placés —, *Alexandra* aura tenu le pari, pour notre enseignement toujours à venir, de montrer la voie, humble et obstinée, susceptible de nous faire enfin accéder à la considération, sans leurre et sans peur, de *ce qui est*.

Si nous savions entendre que la poésie, si elle est vraiment poésie, dit toujours et seulement le Réel, nous serions au-delà du tragique.

DES CHOSES : LEUR NATURE
OU
LA DÉCLINAISON

« *Mais cela existe-t-il vraiment, un
détour ?* »

Paul CELAN

Du poème, j'avancerai d'abord que la matérialité des lettres
qui le constituent visiblement et par lesquelles il s'offre et en même
temps se dérobe, donne à expérimenter — voire : à vivre — au
Memmius qu'en (re)devient tout lecteur cela même qu'en vécut le
premier l'opérateur dit par Cicéron dément et par lui nommé
Lucrèce. Ce fait d'expérience consiste en ceci que l'acte d'entre-
prendre de connaître le réel, comme l'acte de dire — d'écrire —
cette connaissance et — aussi — celui de lire et de comprendre ce
qui s'en écrit, se constituent d'un engendrement sans fin, non
originaire, réitératif, qui nous place d'emblée et irrémédiable-
ment dans une position d'indissociable co-appartenance et, du
même coup, de distance et d'écart — position que produit une
disjonction, voire déchirure, impliquant ouverture, déplacement
et surgissement, entre deux termes toujours non symétriques, car
hétérogènes, à partir desquels — du même coup révélant de toutes
choses la nature, c'est-à-dire, étymologiquement : les *naissances* —
indéfiniment tout se déploie : le *clinamen* est ce fonctionnement
minimal qui se génère d'un couplage, ou croisement, de deux
termes qui, par le fait même qu'ils sont irréductibles l'un à l'autre,
se rencontrent obliquement et se combinent, voire naissent l'un de

l'autre, advenant par un acte qui les fait surgir de rien que l'on puisse nommer ni penser, et accéder à l'étant d'une forme qui en est l'issue. Mais le *clinamen* n'engendre pas seulement, dans l'ordre de la physique, chaque corps ; il ne déploie pas seulement, par les relations se tramant entre corps engendrés, les espaces et les temps ; il gouverne aussi l'expérience que nous avons des choses, la représentation que nous (nous) en donnons, et les mots s'organisant par lesquels nous la parlons. Que nous figurions cette mini-structure comme *faille* ou *seuil, oblique* ou *catastrophe, travers(é)e, pente* ou *traduction, déclinaison* — ces mots tour à tour pourront venir au discours qui ici se tente —, toujours se donne à vivre et à penser ce fait qu'une invisible ligne de fracture, corrélative à la déclinaison, est l'issue minimale, unique et réitérée indéfiniment, selon laquelle l'étant vient à la naissance — à la présence à soi ainsi qu'à la présence à l'autre. Le processus est d'un sans fond qui s'ouvre. Ce que nous connaissons vient — naissant et se déployant — vers nous d'un « fond » qui, se déchirant, se donne du même coup à percevoir comme *sans-fond*.

Dans les choses, toutefois, ce fonctionnement n'est nullement perceptible : de l'ordre du microscopique, il est « *caecum* ». Visible non par ce qu'il serait lui-même, mais à des effets — qu'il produit. Telle est l'expérience que nous avons si constamment des choses que Lucrèce la prend comme « *exordium* » — point de départ — de sa recherche (I, 149) : les « causes » sont distinctes des phénomènes, que seuls nous percevons tandis qu'elles nous restent inaccessibles. Entre le perçu et ce qui, imperceptible, le produit, il y a — déjà — cette déclinaison, qui se donne en l'occurrence comme distance : entre le microscopique et le macroscopique, entre « *caeca* » et « *visibilia* ». Béance dont Lucrèce amplifie la caractérisation au livre IV (400 - sq) où une autre disjonction — un autre « *entre* » — apparaît, entre « *sensus* » et « *ratio animi* », entre expérience des sens et faculté de penser, précisément, cette béance et ses implications sans fin.

Si — toujours — il en va ainsi dans l'expérience, celui qui y exerce sa « *ratio animi* » et qui, l'exerçant, se trouve placé dans la position de devoir pratiquer, pour lui-même ou pour d'autres, la *traduction* en langage de la connaissance des lois incluses apparues dans l'expérience, — celui, en d'autres termes, qui se trouve placé dans cette relation du réel au langage nommée *re-présentation*, se trouvera du même coup mis dans la condition de dire les « causes » par les « effets » nommables, la « *ratio* » par le « *sensus* » lui-même traduit en *mots*, les « *caeca* » par les « *visibilia* » traduits en *figures*. Il devra, toujours, encore, assumer cette distance — écart et dissociation —, cet hétérogène de la déclinaison et de la travers(é)e qui, inéluctablement pour lui, en résultent. Lucrèce non seulement l'assume, puisque telle est la nécessité, mais — cette nécessité étant le fonctionnement universel des choses (selon) qu'il (le) découvre —, c'est à juste titre qu'il se vante (IV, 8) d'exprimer « *obscura* » par le détour de « *lucida* », soulignant que cela n'est pas « *ab nulla ratione* », c'est-à-dire : sans adéquation radicale, harmoniquement liée à la seule « *ratio* » qui engendre et règle toutes choses déployées en univers.

Toutes choses — et donc aussi les liaisons d'où s'élabore le langage poétique. Bien que, par une nouvelle déclinaison — entre choses et langage — le réel apparaisse à la fois plus complexe et plus fin dans ses composantes premières que toute représentation à laquelle il puisse donner lieu, il n'en reste pas moins que de lettres en mots, en phrases et en vers, en figures, en livres et en poèmes, opère encore — démultipliant — le même processus d'engendrement par obliques et failles que des atomes aux corps, aux espaces et aux temps, aux lieux et à l'univers. Co-extensifs, langage et monde, poème et univers relèvent de la même loi qui, selon des modalités spécifiques, est aussi à l'œuvre dans la pratique langagière par quoi se définit la poétique lucrécienne.

Des lettres se composant en mots, et des mots — par extensions englobantes — s'organisent en figures et figurations, jusqu'à l'ensemble déployé en architecture, le *simulacre verbal* qu'est le poème, en désignant les choses nous les fait toucher, non en elles-mêmes mais par la ressemblance qu'en constitue le langage dans son fonctionnement selon les lois qui le régissent. La figuration poétique, cette opération qui, se sachant *autre* que ce qu'elle figure, en est la *tra-duction*, n'est pas seulement l'effet de la distance, qui est aussi lien, entre deux ordres de termes non ajointés, hétérogènes et dissymétriques (: représentation, déclinaison entre choses et mots) ; elle est aussi — voire d'abord — déclinaisons ininterrompues par quoi s'élabore le langage lui-même fonctionnant, de ses unités minimales à ses ensembles maximaux.

C'est ainsi que l'architecture du poème dans son entier est gouvernée par une relation du même type entre deux figures qui, l'une en ouverture, l'autre en clôture, la bornent — figurant la pente par laquelle, de Vénus à la Peste, l'ordre des choses décline du Mythe dans l'Histoire (d'Homère en Hérodote ou d'Hésiode en Thucydide), de l'Universel dans le Particulier, de la Vie comme force érotique et agrégative à la Mort comme dissociation et déconstitution des ensembles. L'oblique de la déclinaison régit le poème tout entier — qui, dans le fonctionnement de son propre langage a lieu, comme dans la relation des choses aux mots, selon des opérations qui, toutes, relèvent de la structure minimale qu'il définit et qu'il ne cesse de montrer à l'œuvre dans la multiplicité des choses advenant — y compris de lui-même. Texte qui fait ce qu'il dit — texte poétique.

La déclinaison va jusqu'à s'exercer sur un terme hautement privilégié : le mot *atome* — et sur celui qui ne peut s'en séparer, étant en relation de déclinaison première avec lui : le *vide*. Le fait — apparemment le plus étonnant — est que Lucrèce ignore le mot. Il aurait pu le latiniser : *atomus*. D'autres l'ont fait. Lui, non. Il ne l'emploie jamais. Il passe par d'autres mots. Véritablement, il *tra-duit* — traverse, d'une langue à l'autre. Et précise bien que c'est là décliner (I, 136-sq.). Il dit, en latin : *corpora* qui, par expansion *(explicatio)*, devient *principia* (I, 198), *rerum primordia* (I, 268 et II, 80), *rerum exordia* (IV, 26), *corpora caeca* (I, 328), voire *genitalia materiai corpora* (II, 62-63)... Les noms se multiplient. Il n'y en a pas *un*, mais une pluralité : les principes se disent toujours au pluriel. Et au neutre. Cette absence d'*un* nom, et la multiplication des noms, le fait aussi que cela ne soit nommable, au neutre, que par les propriétés multiples qu'on en perçoit (par les effets, encore : *« visibilia »*), tout cela dit bien qu'en soi les atomes ne sont rien que l'on puisse dire, on ne peut les percevoir que par les relations constituées, dans le mouvement — qui est traverse — de la pensée et de la langue, élan qui se génère de la structure minimale de la déclinaison.

Par contre, par une déclinaison incluse dans la langue elle-même, et relevant du *similaire* qui implique ressemblance et différence (donc : un entre), le *vide* se nomme d'un seul mot : *inane*. Neutre lui aussi (pour la part commune), mais — pour la part différentielle de l'hétérogène — singulier qui, en outre, est un nom barré : négatif. Le vide ne se parle que comme négativité : non quelque chose qui serait, mais ce qui n'est pas, n'ayant pas de propriétés, sinon (toujours selon la disjonction) parlables négativement. Il n'a ni dimensions, ni forme, ni lieu. Il est de l'ordre du continu pur.

Ainsi, grâce à l'usage du neutre qui joint et du couplage singulier/pluriel qui disjoint, les mots eux-mêmes selon la langue, et non plus seulement les mots dans la représentation du poème, se configurent toujours selon la même relation : déclinaison par quoi les choses — le *clinamen* physique — se donnent à connaître par un clinamen linguistique, articulant obliquement deux mots.

Se donne multiplement à entendre une réponse *autre* à une question connue : le langage est bien distinct des choses, mais pour autant il ne leur est pas inadéquat, puisqu'il fonctionne *comme* elles. Il est *une* de ces choses. Nous ne sommes pas coupés du réel. Nous en sommes partie. Liés aux choses, dans l'exercice de la pensée, par le langage qui fonctionne comme elles et comme nous. Ou plutôt : nous, réels, produisons du réel langagier qui fonctionne, ainsi que nous-mêmes, comme n'importe quel réel. Choses

et langage sont iso-mécaniques. Et certes, le langage advient-il
selon un défaut apparent, ses éléments (les lettres) étant plus
grossiers que les éléments des choses. Mais selon un processus
similaire. Le réel décline dans le langage (y compris au sens de : s'y
appauvrit, s'y fait moins que lui-même), mais en même temps
l'acte d'écrire ne peut qu'effectuer le mouvement inverse : décliner
des mots vers l'être, dans l'être, en ce sens que, pour percevoir l'être
il faut traverser les mots — traduire les mots en choses.

Une tradition, on le sait, ressasse en Occident que le statut de
la pratique langagière — et singulièrement poétique — est d'être
toujours en défaut et, partant, de relever d'une inadéquation
essentielle. Et Platon d'insinuer (*République*, X) que la représenta-
tion en est réduite à passer par le détour, au troisième degré, des
simulacres qui trompent ; et Aristote d'assurer (rassurer) qu'un tel
détour peut n'être pas mensonger, si l'inadéquation en est réparée
par l'assomption à la catégorie de l'Universel. En construisant le
concept de ce qui serait inadéquat et qui — dès qu'opérant —
fonctionne comme référence inéluctable, faisant loi (et qui
manque), la pensée ne manque-t-elle pas, pour l'avoir perçue mais
pour s'en être retirée, inquiète, n'ayant pu en « assumer le coup », la
seule loi qui ne manque pas ? — A la condition d'avoir accepté
d'admettre que c'est elle qui nous définit — c'est-à-dire : définit
avec nous, *comme* nous, toutes choses. L'inadéquation essentielle
serait alors à entendre comme le mode universel — unique — de
l'adéquation : clinamen d'où naissent *toutes choses, dont nous
sommes*. Et nos actes.

Car pour Lucrèce, la pratique qui consiste à dire *« obscura »*
par *« lucida »*, et *« caeca »* par *« visibilia »*, si elle est un détour, n'est
pas pour autant un défaut essentiel. Ce détour n'est que la marque
(« visibile ») témoignant que la représentation a bien lieu, elle
aussi, selon l'universelle loi minimale. Qu'elle relève de l'har-
monie qui scande rythmiquement toutes choses. Le détour, ou
volute (« volute-volupté », dit Serres) de la représentation est bien

« Fati avolsa Voluptas »

— volupté requise par une nécessité qui ne nous éloigne pas de l'objet, qui est au contraire la voie d'accès vers lui, lien qui se fait le lieu d'une conjonction amoureuse : le langage, traçant ce détour qu'il est, trace une des configurations possibles, infinies, de l'universelle « *ratio* ». Il l'actualise, la révèle et manifeste. Et nous la donne à vivre. Nous confirmant du même coup que nous vivons bien selon elle.

Il nous « dit » *où* et, partant, *qui* nous sommes, où que nous soyons : parlant, figurant et nous constituant selon notre condition d'êtres non seulement placés dans une occurrence de la seule loi, mais en cette occurrence nous-mêmes consistant — *actes que nous sommes*, opérant selon, toujours, le même fonctionnement minimal, dans l'une de ses configurations sans fin.

ORDRES D'ARÈS ET D'APHRODITE

(Notes sur la féminité selon le mythe grec)

De quelques figures et configurations, au fondement du « Destin sous lequel nous sommes depuis les Grecs » — ... nous qui ne sommes plus Grecs, cela pourtant nous parle encore, sans que nous sachions dire ce que cela nous dit, depuis quel espace révolu :

Le fragment 128 d'Empédocle chante :

« Les hommes de l'âge d'or n'avaient pas non plus Arès pour dieu,
  ni le Combat tumultueux,
ni le roi Zeus, ni Chronos, ni Poséidon,
mais Cypris la reine.
Ils se la conciliaient par de pieuses offrandes,
statues ou images peintes, parfums subtils,
myrrhe sans mélange, encens odorant —,
et ils répandaient sur le sol les libations de miel doré.
Le pur sang des taureaux sacrifiés n'arrosait pas l'autel,
mais c'était un crime horrible, parmi les hommes,
que de dévorer la bête sainte, après lui avoir arraché la vie [1]. »

Il y eut donc un temps que caractérisaient deux termes : il fut préalable à l'ordre des Olympiens, Aphrodite et non Zeus — ou Arès — le régissait. Univers féminin, il a été recouvert par un autre âge : la loi qui le gouvernait a été remplacée par une loi antithétique. On sait comment, dans la dynamique empédocléenne, adviennent ces recouvrements : modes et modalités de co-action entre les deux régimes selon lesquels fonctionne l'unique énergie de l'univers — par jeux différentiels et progressifs se combinant jusqu'à l'opposition où l'un supprime l'autre, puis retournant jusqu'à la conciliation, par fusion de l'un dans l'autre —, c'est en succession que s'engendrent mutuellement les âges du monde. Il en résulte que si l'âge « présent » — âge mâle des Olympiens — est régi par *Neikos*, la Discorde suscitatrice de violences, dissociations et destructions, il y eut un autre âge — âge d'Or — relevant de la loi féminine d'Harmonie, agrégative, érotique, fusionnelle de Cypris.

Cette pensée intègre, l'éclairant d'un autre côté et s'opposant à elle, la généalogie figurée par Hésiode vers le début de la *Théogonie*, là où est racontée la succession horrible des naissances qui, du Chaos primitif aboutira, par tumultes ininterrompus de trois générations, à l'ordre enfin réglé de Zeus[2]. Du Chaos s'extrait la Terre, *Gée* qui — pour ainsi dire parthogénétiquement — expulse de son propre corps le Ciel, *Ouranos*[3]. Ensemble, par copulation ils engendrent des fils. Et :

> « Le plus jeune d'entre eux vint au monde Cronos, le dieu aux pensées fourbes, le plus redoutable de tous ses enfants. Et Cronos prit en haine son père florissant[4]. »

Les naissances de ces êtres redoutables se scandent selon l'irruption réitérée d'une violence, fondée en haine et dégénérant sans trêve en gestes subséquents de vengeances, dont l'enchaînement, d'acte en acte, se donne comme le mode unique du fonctionnement propre à la « machine » généalogique et — partant — comme la loi intrinsèque *formant* l'ordre cosmique.

> « Car c'étaient de terribles fils que ceux qui étaient nés de Terre et de Ciel, et leur père les avait en haine dès le premier jour. »

On sait la suite — récit nu, si parfaitement succinct qu'il est à lui-même son propre résumé :

> « A peine étaient-ils nés qu'au lieu de les laisser monter à la lumière, il les cachait tous dans le sein de la Terre et, tandis que Ciel se complaisait à cette œuvre mauvaise, l'énorme Terre en ses profondeurs gémissait, étouffant. Elle imagine alors une ruse

perfide et cruelle. Vite elle crée le blanc métal acier ; elle en fait une grande serpe, puis s'adresse à ses enfants et, pour exciter leur courage leur dit, le cœur indigné : "Fils issus de moi et d'un furieux, si vous voulez m'en croire, nous châtierons l'outrage criminel d'un père, tout votre père qu'il soit, puisqu'il a le premier conçu œuvres infâmes". Elle dit ; la terreur les prit tous, et nul d'eux ne dit mot. Seul, sans trembler, le grand Cronos aux pensers fourbes réplique en ses termes à sa noble mère : "C'est moi, mère, je t'en donne ma foi, qui ferai la besogne. D'un père abominable je n'ai pas de souci, tout notre père qu'il soit, puisqu'il a le premier conçu œuvres infâmes."

Il dit, et l'énorme Terre en son cœur sentit grande joie. Elle le cacha, le plaça en embuscade, puis lui mit dans les mains la serpe aux dents aiguës et lui enseigna tout le piège. Et le grand Ciel vint, amenant la nuit, et, enveloppant la Terre, tout avide d'amour, le voilà qui s'approche et s'épand en tous sens. Mais le fils, de son poste, étendit la main gauche, tandis que, de la droite, il saisissait l'énorme, la longue serpe aux dents aiguës ; et, brusquement, il faucha les bourses de son père, pour les jeter ensuite, au hasard, derrière lui [5]. »

L'histoire, avec variantes significatives, mais que je ne gloserai pas ici, se reproduit à la génération suivante : Cronos ayant succédé à Ouranos épouse Rhée, sa sœur. Les enfants de leur union subissent un sort qui, pour être morphologiquement inverse de celui que réservait aux siens Ouranos, ne vise pas moins, en supprimant les fils, à accroître le pouvoir du père et, corrélativement, à amoindrir, voire annuler celui de la mère, dont les fils — du même coup — apparaissent comme le bien qu'elle a(vait) en propre. Ici encore l'un des enfants — le puîné : Zeus — sera sauvé par la mère et par elle poussé à venger « l'outrage criminel » que son époux fait subir non seulement à leurs enfants mais, par l'intermédiaire de ceux-ci, à elle-même en premier lieu.

La généalogie, que fonde l'engendrement copulaire, se donne selon une loi de violence, exercée et subie, et qui indéfiniment se retourne contre qui en déchaîne les manifestations : deux fois en deux générations, la mère assujettie par son époux à travers les enfants qu'elle a engendrés, suscite ceux-ci contre leur père devenu dominant et fait accomplir par l'un d'eux l'acte qui, ruinant le pouvoir abusivement accru du père et fondant le futur pouvoir de ce fils, ne la rétablit pas pour autant elle-même dans le sien, mais transfère ce pouvoir dans les mains de ce fils. Le fils, enjeu du pouvoir entre la mère qui le perd et le père qui l'acquiert, finit par en hériter grâce à la mère qui s'était servie de lui contre le père. L'histoire généalogique s'effectue selon la loi de l'opposition visant au pouvoir, par exclusion ou assujettissement de celui qui se l'est arrogé. Elle s'exerce selon le « contre » qui supprime et structure contradictoirement toutes choses. Un principe unique de verticalité s'y instaure, par retournement de toute relation horizontale, vécue à chaque fois comme insupportable et impossible : la contradiction — horizontale — entre principe mâle et principe femelle est renversée en assujettissement selon une verticalité qui soumet d'abord la mère au père, puis — par la mère — le père au fils. Phallus — ou sceptres — en lutte. Se supprimant. Qui l'a le perd. Qui ne l'a pas se le donne ou en hérite, contre qui l'avait. Luttes de pouvoirs.

Ce fonctionnement ne cesse pas. Il s'affine seulement, de génération en génération : à la troisième, un ordre policé se constituera enfin, par Zeus. Non sans que, par un raffinement ultérieur, captant à son profit sans en détruire le « logique » le processus des deux premières générations, Zeus n'ait prévenu toute nouvelle reversion en exerçant sa violence sur sa propre épouse, Mètis : il l'avale. S'étant ainsi incorporé, avec l'Astuce, tous les possibles pouvoirs extérieurs au sien, il pourra traduire la force brute qui régnait jusqu'à lui en loi juridique (où le Droit se révèle fondé en Astuce). Mais le contrat, plus précisément le *pacte* entre les dieux, ne supprimera pas pour autant la Discorde originelle. Il l'atténuera tout au plus, mais plus exactement l'occulte sous le masque apparent d'un consentement, en fait forcé. Et surtout il la canalise. Pourtant : même ainsi maîtrisée, la « guerre » ne cessera pas de constituer le principe intrinsèque au fonctionnement de l'Univers, puisque la hiérarchie et l'assujettissement qui en résulte gouvernent toujours les rapports entre les Olympiens, ainsi que — par les rites et sacrifices — les relations entre les hommes et les Dieux.

Dès le passage de la première à la deuxième génération cependant, issue de la déchirure opérée par Cronos et s'en arrachant, une trajectoire, ailleurs, s'était déployée — courbe et oblique, aléatoire, hétérogène à l'ordre vertical et vouée à lui rester irréductible : Cronos avait lancé «au hasard» le sexe tranché d'Ouranos. Qui tomba dans la mer. L'organe — devenu déchet — entra alors en devenir : le sperme et le sang se mêlant aux flots, du mélange des trois liquides s'était formée une divinité — Aphrodite.

Par un comble de violence ne pouvant plus, atteint, que se retourner en extrême douceur, «Cypris la reine» est donc issue de ce qui, tranché, fut retranché. Jeté. Exclue d'emblée, et pour ainsi dire pré-natalement de l'ordre de l'engendrement, elle ne naît pas d'une mère[6]. Ni d'un père : elle ne naît pas de la copulation.

Elle ne relèvera pas de la loi de la guerre.

Le geste de Cronos n'instaure la possibilité de sa naissance qu'accessoirement. Et surtout : aléatoirement. Au lieu d'inclure cette naissance dans la loi commune, il l'en sépare radicalement. Elle n'aura pu naître qu'après qu'un sexe mâle aura été, «métamorphosé», destitué de toutes ses fonctions. Et pour ainsi dire détruit. Annulé. Mais plus encore : quand répandu, devenu lui-même mélange de liquides, il se sera mélangé, «longtemps», au «flux sans repos», voluté, des eaux marines : féminité de la Mer[7]. Aphrodite ne naît donc pas, à strictement parler, du phallus, même détruit, mais plus précisément : du long mélange de plusieurs liquides en mouvement, indéfiniment mêlés.

Je tente ici de déplier ce que, du texte d'Hésiode en ce pli de son inscription n'a pas cru devoir retenir Georges Devereux, affirmant qu'Aphrodite est un phallus. C'est aller trop vite[8]. Et ne pas considérer que le phallus doit d'abord être détruit — condition *sine qua non* —, et ensuite liquéfié et mélangé aux flots de la mer (part du corps de la mère), pour que — de ce mélange de plusieurs liquides, et non de ce phallus qui n'existe plus, naisse la déesse : loin d'être un phallus, même métamorphosé, Aphrodite en serait plutôt l'autre irréductible. Elle réalise dans sa propre naissance l'avènement d'un autre régime de l'énergie universelle. Non

constructible selon les formes fixes résultant des conflits du vertical
et de l'horizontal, mais advenant selon l'oblique du jet de l'organe,
et selon la fluidité de la substance marine, sans fin agitée, déployée
en un mouvement ondoyant, livré au seul hasard. Hyper-violence :
suprême douceur.

S'implique, en ce lieu de la *Théogonie*, la co-présence — à
l'intérieur de la loi olympienne — d'une autre loi qui lui restera
toujours irréductible, non sans pourtant s'inclure à elle : car, à
peine née, Aphrodite fera obliquement retour, escortée de forces
elles-mêmes hétérogènes — Amour et Désir — dans l'ordre de la
« guerre » qui l'avait primitivement rejetée. Au sein de cet ordre,
que ne cesse de régler coercitivement le jeu des pouvoirs, elle
effectuera des œuvres d'une tout autre nature, relevant d'un « pri-
vilège » et d'un « lot » que le poème énumère en tant qu'attributs
propres à elle seule : « babils de fillettes », « sourires », « piperies »,
« plaisir suave », « tendresse », « douceur »[9].

Par le détour d'Hésiode s'entend ce qui sous-tendait le
fragment 128 d'Empédocle. Deux ordres se tracent, dont l'un —
extra-généalogique et figuré par une fluidité issue de la dissolution
de toute instance phallique — est défini par l'harmonie, entendue
comme « conciliation » : co-présence acceptée de termes non plus
rigidement antinomiques, mais rendus au statut flottant de diffé-
rences. Tandis que l'autre, généalogique, guerre visant au pouvoir
et pratiquant la suppression, se donne explicitement comme un
ordre mâle : il s'emblématise par le sexe tranché ou substitué, ravi
ou conquis. Voire métamorphosé en foudre.

La conséquence la moins violente que nous ait laissé à méditer
le texte d'Hésiode, n'est pas que la Mère soit infailliblement
rejetée du côté de l'ordre mâle et, du même coup, exclue de la
féminité d'Aphrodite. Assujettie par la copulation, l'engendre-
ment et la filiation, elle participe uniquement de l'univers qui a
« Arès pour dieu ».

Concernant ce dernier, j'observerai que le fragment d'Empé-
docle figurait l'ordre olympien en l'invoquant en premier. Subor-
donnant aussi bien la temporalité du discours que la chronologie
du référent généalogique à un ordre que j'aimerais dire idéo-

grammatique, Empédocle plaçait ainsi l'univers entier sous le signe du dieu de la guerre, ne citant qu'en second lieu, dans l'ordre, Zeus, Cronos et Poséidon : le Père, ayant pour lieu la Terre, placé idéogrammatiquement voire iconologiquement, « au centre », flanqué — « à gauche » — de Zeus qui a pour royaume le Ciel et — « à droite » — de Poséidon qui a pour espace la Mer. Les trois règnes relèvent ainsi de la loi antithétique de celle de Cypris.

Je voudrais, poursuivant, évoquer le devenir, dans la culture d'Occident, de cette double pensée d'une généalogie régissant un univers de la guerre, et de ce qui — féminin — en fut exclu, non sans continuer à le hanter en son intérieur. Un développement de Heidegger, au séminaire du Thor de 1966, m'en fournira l'occasion : il y est question d'Héraclite et — comme par hasard — y surgit le nom d'Hésiode[10]. Où ce dernier — qui « du jour et de la nuit n'avait vu que l'alternance » — dit :

« Au grand jamais
la maison ne les contient tous les deux à la fois »,

Héraclite répond : ... « en ce qui regarde le jour et la nuit : en vérité il y a un ». Car, du jour et de la nuit, commente Heidegger, « cette prétendue alternance (ou change) est plus secrètement leur être même. Ce qui *est* vraiment n'est ni l'un ni l'autre, mais la co-appartenance des deux, le milieu inapparent de l'un et de l'autre ». Heidegger, citant et glosant ces deux textes pour faire apparaître que « le λόγος ne cesse de (nous) donner une mesure qui n'est pas accueillie », en tire deux remarques. De la première je retiendrai ceci : la surdité à « tout ce dont le λόγος donne la mesure » est provoquée par la capacité, la seule qu'ait développée la pensée d'Occident, de penser « *dialectiquement*, c'est-à-dire comme opposition des contraires ». Corrélativement, ce à quoi nous sommes devenus sourds est nommé par Heidegger « le déploiement des contrastes ». Où se tracent à nouveau les deux ordres apparus : l'ordre d'Arès selon Empédocle, celui — selon Hésiode — de Gée et

d'Ouranos, de Cronos et de Rhée, de Zeus et de Mètis, est l'ordre où
Jour et Nuit ne se peuvent penser ensemble, mais — devant
s'exclure — comme « opposition des contraires ». Tandis que dans
l'ordre d'Aphrodite selon Empédocle comme selon Hésiode lui-
même, Jour et Nuit se co-appartiennent : « en vérité, il y a *un* ». Et
Heidegger de commenter : « Il n'y a pas de jour « à part soi » ni de
nuit « à part soi », mais c'est la co-appartenance du jour et de la nuit
qui est bien leur être même. Si je dis seulement : *jour*, je ne sais
rien encore de l'être du jour. Pour penser le jour, il faut le penser
jusqu'à la nuit, et inversement. La nuit *est* le jour comme ayant
décliné. »

Or Heidegger a souligné pour nous que l'opposition des
contraires sera — n'a pas cessé d'être — le devenir de la pensée : de
Platon et d'Aristote en Hegel et en Marx, « le propre de la
dialectique est de jouer l'un contre l'autre les deux termes d'une
relation en vue de provoquer un retournement de la situation
préalablement définie au niveau de ces deux termes. Par exemple,
pour Hegel, le jour est *thèse*, la nuit *antithèse* et tel est le tremplin
pour une *synthèse* du jour et de la nuit, au sens où la contradiction
de l'*être* et du *rien* se solde par l'apparition du *devenir* qui naît
dialectiquement de leur conflit ». Remontant vers le singulier
espace d'où, par exclusion, naquit Aphrodite, je retraduirai cela
ainsi : l'ordre olympien, vertical et hiérarchique, n'a pas cessé, de
traductions logiques en avatars dialectiques, de constituer le mode
et le modèle du fonctionnement qui règle les opérations de notre
culture, si l'on admet que « jouer l'un contre l'autre les termes d'une
relation », c'est refaire — et perpétuer — dans l'ordre devenu celui
de la logique, l'opération de Gée jetant Cronos contre Ouranos,
l'opération de Rhée jetant Zeus contre Cronos pour qu'en résulte
— selon le devenir — un troisième terme : la *loi* coercitive mais
fondée en droit, masque d'astuce, issue de la suppression des
précédents. La dialectique, ou la sophistication — aseptisée — de
la violence archaïque du mythe.

Cependant :

Aphrodite selon Hésiode et Empédocle, plus tard réapparue
chez Lucrèce sous le nom de Vénus [11], effectue la co-présence des

« contrastes » — co-appartenance et co-action du « Jour/Nuit » héraclitéen. Elle instaure dans la logique connue un tout autre fonctionnement : s'incluant par retour dans l'ordre qui l'a d'abord exclue, elle lui reste, intérieure, irréductiblement hétérogène, pour y opérer selon la « conciliation » *que cet ordre ne souffre pourtant pas.*

Par « jointure » ou par « fusion », dit Empédocle [12], s'articulent ensemble des termes qui, dès lors, ne sont plus posés comme « contraires » s'excluant, se supprimant et s'anéantissant selon la loi d'Arès, mais comme « contrastes » qui se composent, rythmiquement ajointés ou fondus, se co-appartiennent et co-agissent, en un jeu de différences maintenues, mais — en violence ou douceur — harmoniquement accordées. Telle est même, selon la parole paradoxale, à la fois pathétique et saturée d'humour de Lucrèce, la toute-puissance de la « douceur » propre à la féminité vénérienne, qu'elle a puissance de réduire jusqu'à l'annuler en s'articulant à elle, la force brutale d'Arès : de se composer avec ce qui, dans son principe, exclut toute possible composition. Où l'on voit que Vénus *(Voluptas)* se liant à Mars, ne s'y constitue pas en « opposition de contraires », mais en « déploiement de contrastes » — co-appartenance de deux termes non symétriques, mais qui relèvent, enseigne Lucrèce, de la mini-structure du *clinamen* — légère oblique, non originaire mais réitérative, disjonction se faisant la faille minimale, génératrice de toutes choses en déploiement.

Revient, là, de très loin, nous questionner ce qui hante notamment la pratique poétique de la modernité — comme en témoigne par exemple Marguerite Duras déclarant :

> ... « c'est une sorte de multiplicité qu'on porte en soi, on la porte tous, toutes, mais elle est égorgée ; en général, on n'a guère qu'une voix maigre, on parle avec ça. Alors qu'il faut être débordée... » [13]

— ou comme lui avait par avance répondu, pointant, par ses effets de déploiement, le clinamen qui nous (in)fonde, Joë Bousquet écrivant :

« Pas d'hypothèses hasardeuses. N'avance que ce que tu as
vérifié. Ta parole te scellait dans ta conscience virile ; elle ne se
distinguait pas de ta pensée, mais un timbre nouveau y résonne
aussitôt que la pensée la distingue : le timbre d'une voix
féminine et que tu ne reconnaîtrais pas si bien si tout ton être
enfoui n'en avait sourdement nourri la chance.

Les mots que leur pensée a détachés ouvrent d'autres lèvres
dans les tiennes ; et ton regard tressaille comme s'il s'y était
épanoui une fleur. Voici longtemps que tu aurais dû t'en
apercevoir. Tu avais écrit : "Ecoute, il fait doux", ému comme si
ces sottes paroles avaient été sur tes lèvres l'écho d'une autre
pensée plus vaste que la tienne, et libre, si entièrement libre, que
l'annonciation en fût superflue, vaine [...].

Tu disais : "Il fait doux". Et puis : "l'été vient de nuit cette
année".

Paroles banales, "à la fois proférées et entendues", revêtues
en toi des deux sexes dont tu es issu [14]. »

«... D'UNE VOIX FÉMININE »,
OU «... JAMAIS D'UN VOULOIR »

(Note pour *La maladie de la mort*, de Marguerite Duras)

> *... où « il », peut-être, et « elle » —*
> *l'homme, la femme — ne désignent*
> *que des positions.*

Occidenté, chant adressé. Au désir qui n'est jamais né : désir de l'homme.

Elle — mais non qu'elle le veuille, simplement par ce qu'elle est — ne cesse d'en révéler, montrer, les limites ataviquement apprises.

Elle dort, plénitude ouverte qui est et n'est pas elle, débordante et débordée.

Terreur, pour lui, de cela. Même pas. Cécité, plutôt : même à cette terreur. Il n'en saura rien. Incapable.

Car son désir à lui n'est pas désir d'elle, la différente. Mais, inavouée, terreur d'elle. Et repli sur soi. N'est pas désir, qui ne peut être que de l'irréductible à soi... Il est, lui, tout entier clos sur soi. Sur sa ressemblance : sur le refus d'accepter la blessure qu'elle lui est. D'accepter de savoir même que c'est cela qu'elle lui est.

Méconnaissant. Et sourd. Il n'entend pas ce qu'elle dit, quand elle parle. Il ne peut pas.

Il ne peut s'agir, pour lui, que de lui. De ce qui fermerait la plaie. Que pour cela il ferait soi. A soi. Elle, du même coup, de la réduire à soi. Et (non qu'il le veuille, cela, en lui, se fait comme ça) de la soumettre, posséder, du même coup supprimer. En tant qu'elle. Il n'accepte pas qui elle est : cette non-lui, et qui lui manque, mais qui n'est pas *pour lui*, ni *tournée vers* lui — elle, débordée, faite plurielle et traversante, à partir de la « perfection indélébile de l'accident personnel », et traversée de toutes choses pulsantes, fluentes, déployées... Il ne la laisse pas elle — elles, plutôt — mais veut la faire lui.

Vouloir l'autre soi. A soi, plus encore : leurre atavique et mortel de l'avoir comme être, pour qui s'éprouve manquant d'être. A ce vouloir par indigence, et qui veut, ne pouvant rien d'autre, l'assujettir, la faire objet comblant la plaie, elle indéfiniment se dérobe. Non qu'elle le veuille, mais elle n'est pas susceptible d'être ainsi capturée, à cet usage tristement adaptée : elle est autre, irréductible à cela. Alors elle se fait, pour lui, énigme. Désespéré, mais désarmé, il en restera lugubrement acharné.

Tout entier défini par la logique infirme, agressive et inhibée, du manque, et de la peur, de l'être par avoir et du vouloir avoir, il ne peut pas entendre. Ne la *voit* même pas.

...

Si, par hasard de distraction, ouverture advenant, il se produit ceci : qu'elle jouit par lui, et crie, il n'est pas, par ce cri, déchiré, ouvert, et dans cette jouissance qui s'ouvre, lui-même ouvert, emporté. Il colmate : lui dit de ne pas crier ; réprimant le cri, de ne pas se déchirer, le déchirer. Alors :

> « Elle ne crie plus.
> Aucune jamais ne criera de vous désormais. »

Ou si elle dit : Quel bonheur !, ouvrant les yeux — terrorisé par ce qui s'ouvre, il lui dit qu'il ne faut pas dire cela — invoquant la norme, que cela ne se dit pas. Alors,

> « Elle ferme les yeux :
> Elle dit qu'elle ne le dira plus. »

... terrorisé par ce qui s'ouvre. S'ouvrir lui est menace mortelle. Qu'il soit mis en posture d'être ouvert ou que, vers lui, fermé d'être blessé, s'ouvre quelque chose. L'autre ne peut pas rester vraiment l'autre, pour lui : ne pouvant, par son effort à lui se faire lui, l'autre se fait « étranger ». Etrangère, plutôt :

« forme suspectée depuis des siècles ».

La différente. Inacceptée.

Telle est la maladie, héritée, de la mort. D'avoir, blessé, dû apprendre à rester fermé. Réduit à soi. Ataviquement éduqué à ça. Et du même coup à ne pas pouvoir accepter ce dont on manque. Sauf à vouloir se l'approprier. L'enclore en soi. Mais ne pouvoir accepter, à l'inverse, de s'ouvrir — vers l'autre. S'y perdre. Qui serait se perdre dans tout — ce qui n'est pas soi. Aveuglé par soi. Par l'autre, du même coup.

Moi : la Mort.

...

Cela se paie. S'il se mesure, le désir n'est pas le désir : valeur d'échange, s'il n'est pas cet amour de l'autre — irréductible. Plus les termes en sont définissables, plus ils sont fictivement réduits par cette capacité acquise de « nommer comme vous avez le savoir de le faire », et plus le prix à payer augmente :

« Elle dit que dans ce cas c'est encore plus cher. »

La clôture de soi sur soi. De soi en soi.

Non seulement il n'*est* pas le désir (puisque c'est elle), ni *dans* le désir — il en est irrémédiablement exclu —, mais il n'*a* même pas le désir. Il n'a que le souci de soi : maladie de la mort. Mortelle.

... « celui qui en est atteint ne sait pas qu'il est porteur d'elle, de la mort »

— puisqu'il ne sait pas que vivre, c'est devenir. Accepter de mourir à soi, de se perdre, de se laisser déchirer, ouvrir — et advenir au différent qui ne peut être, pour un « il », que *la* différente. « Mourir comme un tel »*, vivre l'autre. L'inconnu(e).

_____

* Mallarmé.

Ne pas pouvoir mourir à soi, c'est être mort. C'est ne pas pouvoir même mourir à la mort. Fermé sur le même. Sur soi.
...
Elle, au contraire,

> «est bâtie de telle sorte qu'à tout moment, dirait-on, sur son seul désir, son corps pourrait cesser de vivre, se répandre autour d'elle, disparaître à vos yeux, et que c'est dans cette menace qu'elle dort, qu'elle s'expose à être vue par vous. Que c'est dans le danger qu'elle encourt du moment que la mer est proche, déserte, si noire encore, qu'elle dort.

Ouverte, elle. Il n'en perçoit que l'ouverture la plus «obscure» : «cette route aveugle». Qui n'est pour lui que, là toute concentrée, un engouffrement dans la nuit. Vers la mort. Vers lui-même. Il y rejoint sa propre mort. S'y rejoint. C'est pourquoi il y pleure. Et ne s'y perd pas. N'y rencontrant, au contraire, qu'indéfiniment soi. Alors que l'Ouvert — elle — est paix du dormir, souveraineté du consentir — à toutes choses. Risque accepté. Indifférence, corrélative, à la mort. A ce qui est mort. A lui.

Exposée, sans défense, au danger d'être tuée, comme au risque de dissolution dans ce qui, fluent, sans mesure, est autre : la mer. Ouverte, elle, elle peut se répandre. Alors que c'est là, pour lui, le suprême danger :

> ... «c'est là, en elle, que se fomente la maladie de la mort, [...] c'est cette forme devant vous déployée qui décrète la maladie de la mort».

Mort décrétée — voire, en lui, sécrétée, en tout cas révélée — par l'impossibilité perçue de s'ouvrir à cet ouvert, d'y mourir à soi et de devenir.

Il ne peut, encore, que regarder. Et ne pas voir. Extérieur à elle, comme extérieur à tout ce qui sort de lui : même à ses propres pleurs. Etranger même à ses pleurs :

> «Elle demande : Vous pleurez pourquoi ? Vous dites que c'est à elle de dire pourquoi vous pleurez, que c'est elle qui devrait le savoir.»

Un moment, là, par indigence prête à se retourner en appel à la plénitude, il en vient *presque* à sortir de soi. Vers elle. Vers la lumière qu'elle est, non la nuit qu'il croit. Mais il ne saura pas que c'est cela qui advenait. Il ne pourra, encore, voir que de la nuit. Non la lumière. L'aurait-il su — et vue — qu'il en aurait eu peur. Se serait retiré. Il pleure, et ne sait pas de quoi. Elle le sait :

> « Parce que vous n'aimez pas. »

D'où s'ensuit qu'« en aucun cas » on ne peut l'aimer :

> ... « en aucun cas on ne le peut. Vous lui demandez : A cause de la mort ? Elle dit : Oui, à cause de cette fadeur, de cette immobilité de votre sentiment, à cause de ce mensonge de dire que la mer est noire ».

Car de n'être qu'en soi, et par soi ligoté, tout devient faussement soi — jusqu'à la mer qu'il ne sait voir que noire, comme il la voit, elle. Comme il est. De fausses relations de cause à effet se machinent. Qu'elle dénonce :

> « Vous croyez pleurer de ne pas aimer. Vous pleurez de ne pas imposer la mort.
> ...
> Vous pleurez sur vous-même. »

— puisqu'il pleure que tout ne soit pas lui. Que l'autre — elle, la mer — ne soit pas lui. Mais reste, irréductible, elle(s).

Elle lui dira pourtant, à sa demande, ce qu'est aimer. Mais — « Vous ne pouvez pas comprendre du moment que vous posez la question » — il n'en pourra rien retenir. Ne saura pas que c'est cela — chance — qui, dit, lui fut donné. A vivre. Il n'aura pas pu entendre. Peur d'être ouvert et déchiré par l'accident singulier, par l'aléatoire « indication pour se perdre ». Impossible accès à l'Ouvert qu'elle est :

> « Vous demandez comment le sentiment d'aimer pourrait survenir. Elle vous répond : Peut-être d'une faille soudaine dans la logique de l'univers. Elle dit : Par exemple d'une erreur. Elle dit : Jamais d'un vouloir. Vous demandez : Le sentiment d'aimer

> pourrait-il survenir d'autre chose encore ? Elle dit : De tout, d'un
> vol d'oiseau de nuit, d'un sommeil, d'un rêve de sommeil, de
> l'approche de la mort, d'un mot, d'un crime, de soi, de soi-même,
> soudain sans savoir comment. »

Par l'impossible, toujours, écrasé, il ne saura jamais que ce
« vouloir », qui est ce qui le plus interdit que toute faille puisse
advenir ou soit perçue, et qui la fuit, ou la bouche, si elle menace.

Selon le « vouloir » encore, elle partie, il racontera. La cher-
chera. Pleurera. Toujours sur soi...

... alors que, si on doit pleurer, ce devrait être plutôt sur

> « l'admirable impossibilité de la rejoindre à travers la différence
> qui vous sépare ».

Pleurer sur cette impossibilité — ce ne serait pas encore aimer
l'autre, la non-soi, rencontrée. Mais ce serait déjà connaître, déjà
aimer, au moins la « faille » qui peut en permettre l'avènement, et
avec la faille, l'aléatoire qui d'elle surgit — l'accident, « soudain,
sans savoir comment », auquel consentir, qui nous mettrait en
présence de l'autre. Ce serait déjà, au moins, connaître, aimer
déjà, l'ouverture où elle peut la déployer. Aimer l'erreur, le « peut-
être », le risque. Et cesser d'être ce moi bloqué — le désapprendre :
désapprendre la maîtrise pour aimer le rapport —, vers le pluriel où
devenir de ce « nous, infiniment risqués » que disait Rilke.

Mais lui :

> « même cette différence que vous croyez vivre, vous ne l'aimez
> pas ».

Car dans la différence qu'il en vient à percevoir, il ne peut
vivre encore que soi. Son impossibilité de se risquer, hors de soi.
Où il est, il ne peut que perdre ce qu'il n'aura pas rencontré, pour
n'avoir pu s'y perdre quand cela apparut.

Se perdre, mourir à soi dans l'autre rencontré, ce ne serait plus
perdre. Ni avant, ni après. Il n'y aurait ni perte ni gain. Accueil
seulement. De cela, aléatoire, qui peut advenir. A aimer la
différence qui sépare et l'exigence d'un trépas — à consentir à cette

condition où l'on est traversé par l'autre, tomberait « l'impossibi-
lité de [...] rejoindre ». De « l'admirable » non atteint, l'accès serait
donné à la relation qui n'a pas de nom, quand la clôture en soi
s'ouvrant et le moi se perdant, l'impossible se change.

A celui (celle) à qui Duras adresse pour finir cette apostrophe
d'une extrême violence dans sa douceur :

> « Ainsi cependant vous avez pu vivre cet amour de la seule façon
> qui puisse se faire pour vous, en le perdant avant qu'il soit
> advenu »,

Joë Bousquet avait pourtant indiqué la voie poétique qui en trace
l'issue :

> « Parce que l'homme est à moitié né, il est ce qu'il aime, ou il est
> son amour. Passage d'un sexe dans l'autre. »

DEUXIÈME PARTIE

CONSENTIR

DEVENIR DE LA RENCONTRE

Brusque est l'agression du sacré — cette attaque du poème et du dieu. Pour qui soudain est traversé par la parole impérieuse, est sacré l'être qui en lui fait irruption — réel absolu, singulier, en figure de « feu » qui déchire et qui brûle — fascine. La fascination serait l'effet de cette collision — la rencontre — de deux réels se détruisant mutuellement, ou dont l'un détruit l'autre. La venue d'un tel être dans la trop grande proximité est d'emblée perçue comme meurtrière, suprême danger capable d'anéantir.

Pourtant, aux jours de plus grand vertige, le même invoque sur lui une telle advenue :

> *Arrive, feu !*
> *Nous sommes avides*
> *D'assister au jour...*

Car si précieuse est la présence, en sa menace elle-même, que l'insupportable fureur s'en configure tendrement, en termes de croissance — végétale, enfantine ? — et que le sujet placé sous son imminence éprouve la nécessité de corriger l'effroi qui le saisit par l'annonce d'un salut promis, (presque) en ce même lieu :

> *Mais au lieu du danger croît aussi*
> *Ce qui sauve.*

Quelle peut être la configuration de ce lieu ? Quelle proximité peut se révéler capable de sauver de la fusion de la trop grande proximité ? Quel geste peut-il, là, être tenté, quel mince écart constitué, suffisant non seulement à ne pas périr, mais tel que la rencontre mortelle, effectuée, se retourne en plénitude ?

Sur le point d'entrer lui-même dans l'Ouvert, Hölderlin a donné à méditer — à vivre, aussi — au *« temps de la détresse »* qu'il inaugure et qui est encore le nôtre, les conditions et les effets de ce renversement.

Sans doute la rencontre dépend-elle, en premier lieu, de l'être sacré lui-même, ce réel qui advient, et qui nécessairement apparaît comme une *« créature surprenante »*, car elle peut aussi bien choisir la rencontre que s'y dérober, décevoir ou combler, châtier ou ravir :

> *Mais les servantes du Ciel*
> *Sont créatures surprenantes,*
> *Comme tout être de divine extrace.*
> *Tentons-nous de guetter l'un d'eux, il se*
> *Fait rêve et punit quiconque*
> *Voudrait par force l'égaler,*
> *Mais ravit maintes fois de sa brusque présence*
> *Tel qui venait à peine d'y songer.*

La double possibilité évoquée en cette fin de *La Migration* n'est pas à entendre comme une alternative : le châtiment et la disparition en rêve ne sont pas réservés au calculateur ou à l'obstiné qui, tel Actéon, « guette » l'être sacré : le ravissement de la présence n'est pas la récompense promise aux naïfs et aux insouciants : Pâris, Endymion, Adonis. A supposer même qu'il en fût ainsi, quel sort attendit ces derniers, mis dans cette posture ? Le danger impliqué dans le ravissement n'est pas moindre que le châtiment frappant celui qui force le destin.

Car il n'est pas donné toujours, ni à tous, d'être atteint. Il y faut l'imprévisible avènement de l'impossible, qui ne pourra jamais s'avérer qu'aléatoirement, à la faveur éventuelle de circonstances incalculables en projet, où viennent confluer, selon des relations inconnues, des facteurs eux-mêmes incalculables. Cela adviendra, dit *La Migration*, *« Quand les brises souffleront plus douces, [...]*

Quand relevant nos regards timides nous verrons/Fleurir là-haut de légers nuages... Circonstances labiles, mal discernables, même à l'attentif — question de situation du sujet par rapport aux signes qu'elles portent, question de « chance », dira Bataille. La rencontre, cet événement foudroyant, et dans la rencontre le salut ou la perdition, dépendent de ce presque rien.

Ils dépendent aussi, pour une part infime mais d'une nécessité absolue, du sujet lui-même. L'avènement du hasard, l'advenue de l'éventuel, la rencontre du réel — cela peut frapper seulement qui, par longue attente et discipline — s'est rendu — même à son propre insu — apte à en accueillir l'épreuve :

> *La poésie vit d'insomnie perpétuelle,*

dit René Char. La poésie de Hölderlin figure ce sommeil du monde où

> à maints des nôtres
> *La flamme du regard devant les dons divins est morte,*
> *[...]*   *et jamais la leçon sans prix*
> *Ni la grâce des chants ne firent naître*
> *Dans l'âme de ces hommes endormis*
> *La joie.*

Pourtant,

> « quelques-uns veillaient ».

Rares, il est vrai. Et blessés : l'âme en deuil du retrait des dieux anciens, quand *« le jeune Bacchus avec le vin/Sacré tirait les peuples du sommeil »*. Mais par ce deuil lui-même, en eux, rendus ouverts et accueillants à autre chose que ce deuil. Car *« autre chose est en jeu »*, qui n'est ni la surdité — programmée par le savoir soporifique — aux mouvements du dieu, ni certaine écoute technicienne visant seulement à l'« asservir [...] à des fins » hédonistes ou utilitaires (celles que Nietzsche dira propres aux « derniers hommes »), et qui permettent de « s'en jouer/Comme d'une bête captive au marché », ou de « s'en servir ». Dans la qualification de conduites appelées à

devenir celles des temps qu'annonce Hölderlin, la glose doit se faire
invective :

> *Il sert depuis trop longtemps, le divin,*
> *Et une race ingrate et rusée gaspille*
> *Pour son plaisir, épuise du ciel toutes*
> *Les forces bienfaisantes, s'imagine,*
> *Quand le Très-Haut cultive le champ pour elle,*
> *Connaître l'astre du jour et le dieu tonnant,*
> *Et sa lunette scrute et compte et*
> *Fixe par leurs noms les étoiles du ciel.*

L'envahissement de ces pratiques, au « *temps de la détresse* »,
rend d'autant plus urgente la nécessité de préserver la seule exi-
gence — celle d'encore « *habiter poétiquement* »...

Aux temps mythiques, quand les dieux et les hommes célé-
braient ensemble la « *Fête de la Paix* », la « *sollicitude* » du dieu
voilait l'éclat meurtrier de la présence, dans l'acte même où celle-ci
se manifestait. Cette sollicitude désormais fait défaut. Les dieux
en se retirant ont ôté le voile protecteur qui était la face qu'ils
présentaient aux hommes. Le sommeil a suivi, et dans le sommeil
« *le divin n'atteint pas les cœurs fermés* ». Celui qui veille se trouve
par là-même d'autant plus exposé : car le retrait des dieux n'a fait
que plonger le monde dans « *la longue attente* », et l'attente est
attente du retour. Mais pour le reste,

> *Tout est comme jadis. Seule nous faut*
> *Cette sollicitude.*

C'est dire que le nouvel avènement, improbable, éventuel, mais
fatal ne s'effectuera plus sous le voile des noms divins, mais dans la
violence brute des forces naturelles déchaînées — énergie qui

> *Jaillit du soleil des jours et de la terre chaude,*
> *Et des orages au haut des airs, et d'autres dans les abîmes*
> *Du temps plus longuement mûris, chargés d'un sens*
> *Plus lourd, plus clair à notre cœur, et qui suivirent leur errante*
> *Voie entre terre et ciel ou parmi les peuples.*

Devant l'imminence de ce déferlement, il ne suffira plus
d'avoir mené le « *deuil sacré* », ni d'avoir vécu la « *tristesse* » des

temps. Le temps sera révolu de la longue attente. Il ne suffira plus d'avoir été mutilé, ni même, comme *l'Aède aveugle*, d'être resté illuminé dans la nuit de son être par la mémoire du jour perdu — cette force d'appel à l'inconnu qui vient. Tout cela, certes, aura été nécessaire, aura constitué les composantes de l'ouverture à l'accueil. Mais rendra d'autant plus meurtrière l'approche de ce qui, s'approchant, sera, sans voile, plus violent qu'il ne le fut jadis :

> *Ce qui advint jadis, mais fut à peine*
> *Ressenti, maintenant paraît dans sa neuve évidence ;*
> *Et celles qui cultivèrent notre champ, souriantes sous leur servile*
> *Déguisement, les voici reconnues, les toutes*
> *Vivantes, les puissances mêmes des dieux !*

Le veilleur, devant l'événement qu'il attend, qu'il espère et pressent, « *reste sans peur* ». Sachant quel assaut il devra subir, il se confie aux seules ressources du « *cœur pur* » et des « *mains vierges de fautes* »... Le poème *Comme au jour de fête*... tire sa grandeur du pari qui s'y fait que ces « armes » suffiront pour que « *le pur éclair ne nous brûle point* ». Posture de la *joie*, qui choisit d'assumer ce qui se configure alors comme « *nécessité sacrée* » :

> *Mais c'est à nous pourtant qu'il appartient*
> *De rester debout, tête nue, ô poètes !*
> *Sous les orages de Dieu, de saisir de notre propre main*
> *Les rayons du Père, l'éclair*
> *Lui-même, et de tendre aux foules, sous son voile*
> *De chant, le don du ciel.*

Autre chose — on le verra aussi — qu'une confiance naïve dans les vertus du chant, ou qu'une vocation para-christique doit se lire dans ces vers et dans ceux qui les précèdent, où Hölderlin donne à méditer le destin de Sémélé :

> *Ainsi (disent les poètes) le dieu qu'elle voulut dans sa splendeur*
> *Contempler, fit choir sur le palais de Sémélé sa foudre*
> *Et, divinement blessée, elle enfanta le fruit*
> *De l'orage, l'être sacré, Bacchus.*

Non que, comme une lecture un peu courte le laisserait présumer, Sémélé soit ici la figure d'un sacrifice inaugural, qui — consommé

— aurait rendu inoffensifs les assauts du divin dans la suite des temps ; ni même, comme le soutient Heidegger, que « *l'allusion* » à Sémélé ne soit « *introduite dans le poème que comme contre-thème* » en tant que Sémélé aurait « oublié » le Sacré et l'exigence qu'il implique. Il nous semble au contraire que, quand Hölderlin poursuit, aussitôt après :

> *C'est pourquoi les fils de la terre maintenant*
> *Au feu céleste sans danger trempent leurs lèvres,*

ce début de la septième strophe ne « *reprend* » pas « *au milieu de la sixième* », mais bien à sa fin exacte, et « *s'enchaîne* » directement aux vers de Sémélé : celle-ci s'inscrit, comme « exemple » (y compris rhétorique), dans un devenir que figuraient les deux strophes précédentes, et qui n'est autre que le devenir de la blessure (de la brûlure) qu'inflige la rencontre, de la mort qu'elle effectue, et de ce qui s'engendre de cette mort. Commencée par la violence soudain déchaînée, dans l'espace ouvert par « *l'attente* », la ruée des « *puissances* » vient « *frapper* » l'âme exposée qui veillait — « *brusquement* ». Elle la blesse « *divinement* », la « *transperce* ». Cependant, du « *feu de l'éclair sacré* » et de « *l'âme* » par lui consumée — de leur rencontre — naît un « *fruit* »...

Telle est la « *naissance heureuse* » du chant — « *fruit né dans l'amour* », « *fruit de l'orage* » et « *œuvre des hommes et des dieux* » — devenir de la rencontre : il faut que Sémélé meure, foudroyée par Zeus, pour que naisse Bacchus ; il faut qu'une part de l'être soit, là, déchirée, assez détruite pour qu'elle entre dans la condition où la blessure en elle ouverte se fera capable d'enfanter. Le feu du ciel va devenir liquide, on pourra boire le feu, mais cela ne pourra advenir qu'au prix de cette destruction, du sein de laquelle surgit ce qui ne pourra plus être détruit, ayant reçu naissance de la destruction elle-même. Bacchus, ici (le vin, la possibilité du chant), vient en figure de ce qui, issu de la mort subie par l'avènement de la mort donnée, porte témoignage du « salut », de « l'œuvre », de « l'amour » qu'accomplit cette mort.

Double devenir, car si, à travers le corps détruit du poète-Sémélé, le feu a pu se faire vin, du « cœur » lui-même consumé ne subsistera plus — tout le consumable ayant été consumé — que la pure transparence rendue à une dureté que rien ne pourra plus entamer : dureté et transparence — le cristal est le devenir de Sémélé. C'est pourquoi il était dit, au terme du poème, que *« le pur éclair ne nous brûlera point »*, et que *« le cœur éternel restera ferme à jamais »*. Le sens profond de ces vers s'entend dans ceux-ci, plus tardifs, où s'illustre le devenir :

> *Oh ! mon cœur devient*
> *infaillible cristal auquel*
> *la lumière s'éprouve !*

Dans l'absolu dénuement qui succède aux rencontres — car

> *Cela maintenant*
> *Fleurit au pauvre lieu...*

Les derniers « grands poèmes » de Hölderlin, puis les poèmes « de la folie » disent les conséquences de ce devenir mort que figure le cristal inverse muant le feu en lumière. Placé sous l'imminence de toute rencontre, l'être détruit et devenu indestructible pourra convertir la trop grande proximité en bonne proximité. La question n'est pas de distance spatiale (mesurable), mais du mode de relation possible à l'infiniment proche.

Une variante tardive de *L'Archipel*, rendue célèbre par le commentaire qu'en fit Heidegger, déploie et (in)définit(ise) — inachève — ce qui restait implicite dans les quatre premiers vers de *Patmos* :

> *Mais puisque si proches ils sont, les dieux présents,*
> *Je dois être comme s'ils étaient loin, et obscur dans les nuages*
> *Doit m'être leur nom ; seulement, avant que le matin*
> *Ne s'illumine, avant que la vie au midi ne s'embrase*
> *Je me les nomme en paix, afin que le poète sa part*
> *Ait, mais quand en bas la céleste lumière descend*
> *J'ai volontiers en tête celle du passé, et je dis — fleurit*
> > *cependant*

« Nous entendons deux fois le verbe *devoir*, commente Heidegger. [...] Le premier concerne le rapport du poète à la présence des dieux présents. Le second concerne le genre des noms par lesquels le poète nomme les dieux présents. » Mais ces deux devoirs sont eux-mêmes soumis à une exigence : pour qu'ils puissent avoir lieu, il faut se trouver dans la position où le temps d'*après* la blessure puisse se convertir en temps d'*avant* toute nouvelle épreuve — laquelle, désormais, ne brûlera plus, mais fera que « *le poète sa part/Ait* ». Celui qui sait et vit l'après-coup — celui qui a rejoint son propre destin parce que la Moïra l'a rejoint — effectue par là-même le renversement qui lui permet de (re)vivre comme toujours *en avant* de lui-même, à venir, éventuel, cet *après* qui est devenu son seul lot. C'est pourquoi l'acte ne pourra jamais advenir qu'« *avant que le matin/Ne s'illumine, avant que la vie au midi ne s'embrase* ». L'accueil du feu pour lui sera désormais auroral : accueil de la lumière, plutôt, avant qu'elle ne (re)devienne ce feu destructeur qu'elle fut. Dans cette advenue (de l'avant) qui s'ouvre dans l'advenu (de l'après), la poésie issue des Moires retrouve son statut mythique de fille de Mémoire (« ... *j'ai volontiers en tête celle du passé* »). Celui, cristal, qui est issu du feu, est comme traversé par la Mémoire qui, en le traversant, re-présente devant lui, comme innocence désormais, ce qui était dépassé, révolu, en arrière (et qui fut violence et deuil).

Alors, mais alors seulement, peut avoir lieu l'acte par lequel l'extrême proximité, sans cesser d'être « *le plus proche* », ne sera plus la trop grande proximité, mais la *bonne* proximité : « *Je me les nomme en paix* » — tel est l'acte : acte de nomination, qui ne peut faire ce qu'il dit que parce que le nom reste « *obscur* ». Non qu'il doive rester mal perçu, ou fasse mal percevoir, mais parce que l'extrême proximité par la nomination se fait telle qu'entre l'être nommé et celui qui le nomme, pourtant « *si proches* » et ne cessant pas de le rester, vient s'insinuer le voile sans épaisseur des mots, « *voile du chant* », voile de la voix qui profère et qui vient enfin remplacer non pas le dieu, ni le sujet qui parle, mais le voile archaïque des dieux d'autrefois, dont le retrait fut l'extrême péril. La parole poétique répare ce retrait, elle assume dans l'immanence désormais de la « nature » et du « cœur » détruit la fonction qui fut celle, transcendantale, du voile divin ; elle ne transforme pas la proximité en éloignement, ne « remplace » pas non plus « la chose » ou le sujet — rien à voir avec le symbolique et sa matrice linguistique —, mais dans l'extrême proximité maintenue elle interpose la minceur extrême, inentamable de « l'infaillible cristal ».

« *Comme si* »... — Tel qu'il figure dans ce fragment, ce terme n'est pas formule de substitution, ni formule de simulation, mais — comme l'a splendidement dit Heidegger — formule du voile, du dévoilement et du revoilement. Le nom du réel ne remplace pas le réel, la nomination du dieu ne remplace pas le dieu : la nomination montre, désigne, en transparence à travers le nom, le réel tout proche et inatteignable. De ce qui fut insupportable elle fait *« le plus proche meilleur »*.

Telle est, incommensurable à l'ancienne, la nouvelle fonction de la parole poétique : œuvre de l'homme du deuil dont le devenir, né dans la déchirure, s'inachève dans la joie. Passant à travers le « cristal » du cœur — ce voile *« qui sauve »* —, les poèmes de la folie issus du *« corps couvert de brûlures »* (de celui qui a *« un œil en trop »*) donnent à lire la certitude que *« cela »*, qui *« maintenant fleurit au pauvre lieu »*, cela, *« cependant fleurit »*. Joie tragique : légère, car éventuelle, inaboutie et réitérée, de chaque instant et de chaque saison ; par les intermittences et les récurrences qui leur donnent lieu, peuvent advenir, apaisés, les poèmes du retour fidèle :

Heureuse est l'âme de revoir poindre ces heures...

CONSENTIR, ÉCLAIRER

Evoquant, avec la ferveur tendue qui, sans la contention, risquerait à chaque instant de verser dans l'emphase, son apprentissage scolaire du latin, Yves Bonnefoy écrit :

> « Je commençai à lire, et ce fut l'éblouissement. La page d'un seul coup s'imprégna en moi, et quand le lendemain, le premier ou le seul, je fus interrogé, je professai la révélation dans une sorte d'extase, d'ailleurs rentrée... Qu'avais-je appris ? Que pour dire *où*, il y a *ubi*. Mais que ce mot réfère seulement au lieu où l'on est, tandis que pour celui d'où l'on vient, il y a *unde*, et *quo* pour celui où l'on va, et *qua* pour celui par lequel on passe. Ainsi quatre dimensions pour fracturer une unité — une opacité — qui n'était donc que factice. Le "où" que le français ne faisait que contourner, l'employant comme du dehors, découvrait dans sa profondeur une spatialité imprévue[1]. »

Je retiendrai de cette lecture deux propositions : l'unité est opacité. Elle contourne, et nous laisse dehors. Il y a à pénétrer — révéler, dans la profondeur close, la spatialité déployée. Mais le latin, pour pénétrer, fracture. Et nous savons — mémoire occidentale oblige — qu'« il » n'effectue cet acte que pour maîtriser et gérer — posséder — la spatialité là où, par cette fracture, elle cesse d'être imprévue. Muer l'imprévu en objet domestiqué, non seulement connu mais par le mode de connaissance dont on l'investit, tué : les pages qui suivent, dans le livre, diront la « déception » qui est le fruit nécessaire d'une telle avancée. Comment le pays recherché pourrait-il ne pas se dérober toujours à celui qui y parvient par une telle opération ? Comment celui qui, fracturant, détruit du même coup ce qu'il pénètre, pourrait-il rencontrer, au terme de l'entreprise, autre chose que la disparition de ce qu'il atteignit, et la corrélative « déception » ? — ainsi que, à l'orée de chaque nouvel élan, « l'inquiétude »[2] ? Car le désir renaît, insatiable et pressentant son futur échec renouvelé, d'avoir été frustré par son propre style. De là naît le juste sentiment que le pays se trouverait toujours ailleurs, dans une autre dimension que celle où nécessairement s'évanouira de nouveau, si on y accède encore, cela qu'on a déjà perdu en le trouvant. Le monde occidental, issu de Rome[3], n'a cessé de fabriquer ainsi sa propre « inquiétude » et sa propre « déception », à n'avoir su jamais se donner que les moyens de détruire ce qu'il découvrit. Ignorant ce qu'il sut, par ignorance de ce qu'il fit, forgeant les seuls instruments logiques — langagiers — d'un savoir capable seulement de pourvoir à l'avoir pour pouvoir (aussi bien : au pouvoir pour avoir) : tel est, à l'orée (pouvons-nous dire encore : au fondement ?) de notre généalogie, l'enseignement du récit où Ulysse tue les sirènes pour les avoir connues comme il avait pris Troie — par les moyens de la technique[4].

Si bien que ceux qui aspirèrent à « l'être du lieu » sans avoir pu accéder à d'autres pratiques que celles qui, depuis Ulysse, leur furent léguées ne purent — et ne peuvent encore — que revivre sans fin la même « inquiétude » et la même « déception ».

Au terme de *l'arrière-pays*, à l'issue du labyrinthe douloureusement parcouru, Bonnefoy en vient à percevoir que ce n'est pas le lieu lui-même qui se refuserait en vertu d'une nature qui lui serait propre et le définirait, si bien qu'il y aurait des lieux privilégiés — inaccessibles — et par voie corrélative, des lieux déshérités, hostiles ou maudits qui seraient notre lot. « L'être du lieu » peut surgir n'importe où est un lieu. Aussi bien, comme dit Jaccottet qui parle alors de « fragments », de *« débris d'harmonie »*[5], dans le minimal : *« un repli de terrain, une nuance dans la lumière »*[6], que dans l'architecture la plus somptueuse et grandiose, celle du Bernin. Telle fut, pour Bonnefoy, la révélation du baroque — d'un *certain* baroque — que *« l'être du lieu, notre tout, s'(y) forge à partir du rien »*[7].

Un tel avènement, toutefois, n'est possible que grâce à certaine disposition. Contrairement à Borromini qui, dit encore Bonnefoy, « reclôt le rêve sur soi, et se perd, dans le labyrinthe » — celui des méthodes, ces « manières de procéder »[8] et des techniques en appareils logiques (langagiers) —, Bernin serait celui qui « ouvre » : il « fait naître la vie de ce désir accepté ». Toute-puissance du consentement à ce qui se donne, Bonnefoy en précise la nature et les modalités dans l'admirable paragraphe, en clôture du livre, qui célèbre Poussin :

> « Et Poussin, qui porte en soi toutes les postulations, tous les conflits pour les réconciliations, retrouvailles, miracles même, d'un dernier acte de l'Univers, de l'esprit, Poussin cherche longtemps la clef d'une "musique savante", d'un retour par les nombres à un amont du réel, mais il est aussi celui qui ramasse une poignée de terre et dit que c'est cela Rome. Il marche le long du Tibre, au printemps, quand les eaux affluent, noires en profondeur, étincelantes ; et comme il y a là des laveuses, dont l'une a baigné son enfant et l'élève haut dans ses bras, ses yeux étincelants eux aussi — Poussin regarde, comprend, et décide de peindre, maître du rameau d'or s'il en fut, ses grands *Moïse sauvé*[9]. »

Qu'est-ce à dire sinon que « l'être » (du lieu) non seulement ne peut nous venir du seul lieu, mais qu'il peut encore moins céder aux assauts du seul génie spéculatif s'obstinant encore à exercer son pouvoir par le savoir appris, quand — de surcroît — ce dernier apparaît révolu. Toute « musique savante » soudain, comme à Rimbaud, « manque à notre désir », dès lors qu'on a compris que toute clef, comme tout engin technicien — en dépit de la maîtrise la plus affinée — en serait sans efficace. A son comble parvenue, la maîtrise cède à sa propre saturation qui l'évapore ainsi qu'à sa propre impuissance éprouvée, elle défaille, s'oublie et s'excède en souveraineté — laquelle ne tient pas à nous (ni aux « nombres »), mais au pur rapport éphémère, dès lors indéfiniment réitérable, où nous nous trouvons, là, placés en relation à nous (à la maîtrise) et à ce lieu :

dans le flux du temps, fleuve, saison
solidaire ce geste : marcher   et soudain, regardant,

comprendre :   les yeux, le fleuve, aériennes lumières —
                    les eaux noires, la mère, sombres profondeurs...

Des épaisseurs fictives et masquantes derrière lesquelles
l'avaient enfoui et relégué les strates accumulées de savoirs, « l'être
du lieu » émerge et vient à la présence. Un instant — que la
« décision » qui suit aura, peut-être, perdu. Dont elle n'aura, peut-
être, rien saisi : la « chance » ne s'y joue plus.

C'est lorsque furent, pour la première fois en Occident,
advenues les pires conditions et circonstances que de tels avène-
ments en éclairs ont pu se donner. Dans la profusion et confusion
des choses désancrées de leur principe ancien, quand se fut effon-
drée la pensée de l'*un*, devenu au cours du XVIᵉ siècle de plus en plus
opaque et voilé, et qu'il apparut que tout retournait au tumulte et à
la turbulence d'un nouveau chaos — ou même, s'effaçant, tendait
vers le rien, certains ont pu vivre la nouvelle condition qui leur
était échue non comme l'encombrement écrasant d'une « histoire de
bruit et de fureur racontée par un idiot », ni comme cette duperie
des fausses apparences que déplorent et maudissent, du Tasse à
Calderón et de Sponde aux marinistes, les nostalgiques de l'ordre
ancien évanoui. Dans la profusion et la confusion chaosmiques
nouvellement apparues, ils ont pu se mettre à l'écoute de la force qui
y circulait : armés de tout le savoir et virtuoses du savoir-faire
hérités, mais sachant non moins les amener à l'excès qui les exalte
et les perd, ils y ont entendu et montré que cela — cette ruine —
pouvait se constituer en allégresse : et ce fut Rubens, et le Bernin —
Góngora aussi. Ou perçu qu'en ces débris, il arrivait que brillent
de purs instants : et ce fut Poussin — et encore Góngora.
     Encore fallait-il *consentir*. Consentir à s'accorder à cette force
qui passe. A cet instant qui brille...
     Entre la « tempête » passée des *Elégies* et le « bûcher » à venir de
l'agonie, provisoirement retiré dans une anse du temps et y
habitant cette « langue prêtée », « presque (s)ienne » que lui fut le
français [10], Rilke en écoute et repos a pu (re)trouver les accents de

cette sagesse que vécurent, les premiers, quelques grands baroques et qui ne peut jamais naître qu'au comble atteint de la violence subie, qui bascule et se change — continu de rupture :

> C'est qu'il nous faut consentir
> à toutes les forces extrêmes ;
> l'audace est notre problème
> malgré le grand repentir.

> Et puis il arrive souvent
> que ce qu'on affronte, change ;
> le calme devient ouragan,
> l'abîme le moule d'un ange [11].

Pourtant, nul ne saurait prétendre à consentir qu'il n'ait dépouillé la nostalgie pour la perte de l'ordre ancien et pour la disparition de l'*un* qui le fondait. Accéder à l'après du deuil, à l'effacement de toute blessure, à la mémoire lavée, au maintenant pleinement vécu, ne se peut qu'à être entré — à l'issue du plus long détour qu'évoque corrélativement Rilke («Ne craignons pas le détour./Il faut que les orgues grondent/pour que la musique abonde/de toutes les notes de l'amour») — dans la condition de Hölderlin détruit, devenu — par la destruction — «infaillible cristal» et vivant désormais ce vers quoi, dès longtemps, il avait su qu'il allait :

> «Et quand je serai un enfant aux cheveux gris, je voudrais
> que le printemps, l'aurore et le crépuscule me rajeunissent chaque
> jour, jusqu'à ce que je sente venir la fin et que j'aille m'asseoir
> dehors pour m'en aller vers la jeunesse éternelle [12]» ;

dans la condition de Mallarmé *« parfaitement mort »*, déclarant au bout de tout effroi : *« La destruction fut ma Béatrice »* [13] ;

dans la condition de Poussin montrant une poignée de terre et disant : c'est ça Rome, et c'est parce que c'est ça que je peux voir à la fois l'eau noire qui s'épanouit à la rencontre du printemps et la femme qui élève son enfant dans la lumière — et savoir que c'est cela, ces rapports qui se tissent, le réel ;

dans la condition de du Bouchet écrivant :

« ... l'air aveugle
peut — rapporté à un centre, comme je me déplace — alentour
éclairer [14]. »

D'UNE AUBERGE L'AUTRE

                 — vertes toutes deux :
l'une figure le monde qui accueille, autant que l'accueil fait au
monde.

> « Oh, la douceur de cette image
> Où se dressent des arbres verts !
> Comme d'une enseigne d'auberge
> J'ai grand'peine à m'en éloigner [1]. »

Lieu d'allégresse pour celui, « homme pieux, homme docile/Par les
épines épargné », dont « l'habit bouge avec la brise » et qui, en elle
venu, est capable d'entendre la « demande » que « gaiement » lui
adresse « l'Esprit » — la plénitude qui en vient, pour Rimbaud
entre-temps s'est perdue : impossible même à renouer, d'avoir
donné lieu à cet éloignement auquel répugnait Hölderlin. D'avoir
quitté le lieu du monde où se donnait l'être du monde, le monde
lui-même s'est refermé, et se refuse désormais :

> « Et si je redeviens
> Le voyageur ancien,
> Jamais l'auberge verte
> Ne peut bien m'être ouverte [2]. »

Exclu le sujet n'a plus que la ressource amère de taxer cet accord
perdu de « pauvre songe », de le déclarer « indigne » et de, brutale-
ment, ajouter qu'y « songer », c'est « pure perte » : façon, « crispée »,
d'accepter l'advenu — mais sans y consentir.

    De l'une à l'autre que s'est-il passé, qui rendait possible la
relation, et l'a rendue impossible ?

Opéra, chanté en cinq actes, *Comédie de la soif* projette
d'abord, en succession, quatre figures : les « Parents », l'« Esprit »,
les « Amis » et le « Pauvre Songe ». Elles viennent tour à tour offrir le
bien qu'elles ont en propre pour tenter d'apaiser la « soif » du sujet
poétique : « Moi ». A chaque fois, « Moi » refusera et en fournira
les raisons — toutes liées à une configuration particulière d'un
même impossible, dont il conviendra de percevoir ce qui le fonde.

Les « Parents », les premiers, « ancêtres gaulois » déployant
l'espace du paysage généalogique, proposent — métonymies, ou
plutôt synecdoques d'une terre toute imprégnée d'eau — les breu-
vages anciens, archaïques et paysans, que sont « le vin, le cidre et le
lait », puis des boissons plus sophistiquées, modernes et exotiques,
à la mesure supposée de « Moi » : liqueurs, thé, café. Eux-mêmes,

> « Couverts des froides sueurs
> De la lune et des verdures »,

ils donnent à éprouver, voire à vivre, l'espace liquide qui est le
leur. Ils disent :

> « L'eau est au fond des osiers »

et

> « Vois le courant du fossé
> Autour du château mouillé. »

Trois fois, en trois rejets qui constituent autant de « raisons »,
« Moi » va refuser. Par la première :

> « Mourir aux fleuves barbares »,

la terre mouillée des pères paysans est récusée au nom d'une
tentation des lointains qui est aussi, intrinsèque à la parabole
rimbaldienne, l'aspiration à une certaine mort — dont le Harrar
sera à la fois la réalisation et l'emblème. La deuxième :

« Aller où boivent les vaches »,

doit s'entendre, me semble-t-il, comme cette autre aspiration, qui culminera dans *Une saison en enfer*, à la « félicité des bêtes » : mort par sortie de la condition d'homme, vers une condition inférieure. La troisième :

« Tarir toutes les urnes ! »

dit la volonté — qui recevra sa pleine expression dans le troisième mouvement du poème — d'engouffrer en soi l'univers, pour le posséder.

Le deuxième mouvement nomme le don que fait « l'Esprit » : il désigne une certaine poésie, vouée à la célébration de mythes et de légendes dont l'eau, en l'occurrence, fournit la figuration — et reconductibles tour à tour aux mondes classique, « barbare » et moderne des navigations conquérantes. Le refus — brutal — explicite à nouveau ses raisons : cette poésie, d'Homère à l'exotisme du *Bateau ivre*, en passant par les *Poèmes antiques et modernes* et les *Poèmes barbares* de Leconte de Lisle, n'étanche pas la soif :

« Légendes ni figures
Ne me désaltèrent. »

Au contraire, elle l'exaspère — « soif si folle » en quoi ressurgit, allusivement apparu au terme du premier mouvement, l'autre désir — volonté essentielle de posséder le monde en se l'appropriant. De cette « soif » il est dit que, « folle », elle est « filleule » du « Chansonnier ». Entendons : que le diseur — conteur ou célébrant — des mythes et légendes, le fabricant ou divulgateur, dérisoirement nommé, de ce type de figures « poétiques », engendre et multiplie la volonté, en forme de désir fantasmatique, de s'emparer du monde pour le dominer.

Alors surgit la troisième offre — celle des proches : les « Amis ». Ils invitent à voir le monde comme un univers liquide, non plus d'eau sobre comme était le monde des ancêtres, mais ivre et enivrant : « chaosmos » alcoolisé où la mer qui déferle est mélange de tous les vins, où la cascade et le torrent qui « roule(nt) du haut des monts » deviennent « Bitter sauvage », et où l'absinthe dans les verres figure les colonnes et les fûts d'on ne sait quels temples et quelles forêts. Les « Amis » invitent et incitent à boire l'univers ainsi transfiguré. Mais cet imaginaire en délire — modalité de relation aux choses propre à un titan ivre, à quelque Fichte ivrogne — n'est que leurre et mystification : l'impérialiste saoul du paysage n'éprouve bientôt plus que désir de mourir — de « pourrir », mêlé aux choses mortes,

> « dans l'étang
> Sous l'affreuse crème
> Près des bois flottants ».

Pour lui aussi la volonté de volonté retombe aussitôt qu'exaltée.

La quatrième tentation ne peut naître dès lors qu'au sujet lui-même, au « Moi » venu au point où il présage l'épuisement, par impossible, de toutes les modalités de relations successivement apparues, éprouvées et rejetées. Elle naît au repli de la lassitude et de la désillusion. La propose — en figure de « Pauvre Songe » — l'aspiration à l'apaisement et au « soir », au lieu tranquille, à la résignation aussi. A l'acceptation de ce qui, pauvrement, est : « réalité rugueuse à étreindre » et goût nouveau, non sans humour rêvé, d'une « patience » commune, de longtemps oubliée :

> « Peut-être un soir m'attend
> Où je vivrai tranquille,
> Dans quelque vieille ville
> Et mourrai plus content,
> Puisque je suis patient. »

Pourtant, ce rêve horacien du « juste milieu », au « locus amoenus » à peine entrevu, est lui aussi rejeté : « indigne », il est « songe » — en « pure perte ». Impossible le repos au lieu où le monde se figure comme « auberge verte ».

Toutes offres épuisées, ne reste plus à «Moi» qu'à disparaître en tant que «Moi», ainsi que l'explicite la conclusion qui reprend, en l'amplifiant, la deuxième tentation du premier mouvement — celle d'accéder à la condition infra-humaine, là des «vaches» et ici des «pigeons» et du «gibier», des «bêtes des eaux» et des «papillons», comme plus tard dans *Une Saison en enfer* sera dite la béatitude supposée des «chenilles» et des «taupes» — «félicité des bêtes» : celle du «moucheron enivré à la pissotière de l'auberge, amoureux de la bourrache et que dissout un rayon».

Mais cela aussi n'est encore qu'un nouveau leurre : les bêtes «ont soif aussi».

Un pas de plus est nécessaire pour en venir à se muer en «étincelle d'or de la lumière nature». Ce pas : se dissoudre en nuage, qui se résout lui-même en rosée et en pluie — «fraîcheur» qui «favorise» celui qui la devient, advenant à la mort par métamorphose de «Moi» en cet «humide» qui baigne les violettes, le matin, dans la forêt.

Sous la naïveté concertée de sa fabulation et de ses modes élocutoires, *Comédie de la soif* se donne à entendre comme un terrible poème de l'impossible historialement advenu : impossible l'accès au monde offert, impossible la relation. Du même coup s'y figurent les implications de cette condition échue : le refus réitéré qui scande, en déchirures, chaque acte de l'opéra rimbaldien, actualise à chaque fois les forces qui portent cette condition et les effets qui s'en génèrent. La *volonté*, notamment, de dominer toutes choses en se les appropriant, se configure doublement : en aspiration de «Moi» à devenir imaginairement maître du monde et — corrélativement, voire consécutivement — en dissolution de ce même «Moi» dans le monde. Faces inverses d'une même destination : vouloir — selon la volonté qui nous veut — conquérir et maîtriser la totalité de l'étant, par techniques visant à ce que l'univers devienne «Moi» ou, à l'inverse, aspirer à s'y dissoudre — vouloir absorber l'univers ou être absorbé en lui : ce retournement, par inversion, d'un Eros panique en un Thanatos abyssal se fait

l'unique alternative pour celui — être de Volonté — à qui la
relation, n'advenant plus que par les voies obliques et leurrantes de
l'imaginaire, est en fait devenue impossible. Sinon comme fusion.
Mais la grandeur de Rimbaud aura été de montrer que la fusion —
où deux se font un — est mortelle parce qu'elle est méconnaissance,
par l'imaginaire pré-disposée et entretenue, de la différence
générant du *même* chaque être singulier. A l'horizon futur du
poème résonne comme un avertissement la phrase où Bataille a
peut-être le mieux formulé le « principe d'insuffisance » qui nous
fonde, et dont Rimbaud montre ce qu'il en advient quand s'est
perdue l'intelligence de ce qui s'y implique :

> « Nous ne sommes pas tout, n'avons même que deux certitudes en
> ce monde, celle-là et celle de mourir [3]. »

De Hölderlin, je rappellerai tout d'abord qu'il avait, l'un des
premiers, connu la même volonté de fusion, selon les mêmes voies
apparemment opposées : dans la fiction d'*Hypérion* s'exalte et se
brise le rêve titanique de reconquête de l'unité perdue, dans
Empédocle le héros se dissout dans le feu, terrestre et céleste, de
l'Etna.

Il est pourtant un autre Hölderlin — celui, le seul, à qui, au
prix de la plus terrible violence, « frappé par Apollon », et brûlé par
« le feu du ciel », fut donné d'accéder, « enfant aux cheveux gris », au
séjour d'un « pauvre lieu » qui ne lui fut pas « pauvre songe », mais
tel qu'il l'avait, dès longtemps, prévu :

> « Chacun trouve pourtant sa joie et qui donc la dédaignerait
> entièrement ? La mienne, c'est maintenant le beau temps, le gai
> soleil, la verdure, et je ne puis me reprocher cette joie, quel que
> soit le nom qu'on lui donne. D'ailleurs, je n'en ai pas d'autre, et
> même si j'en avais une, je n'abandonnerais et n'oublierais
> jamais celle-ci, car elle ne fait de tort à personne, ne vieillit
> jamais et l'esprit y trouve tant de signification. Et quand je serai
> un enfant aux cheveux gris, je voudrais que le printemps, l'aurore
> et le crépuscule me rajeunissent chaque jour un peu davantage,
> jusqu'à ce que je sente venir la fin et que j'aille m'asseoir dehors
> pour m'en aller vers la jeunesse éternelle [4]. »

Avec la « sobriété », y compris figurale, seule appropriée à une telle condition atteinte, *La vie joyeuse*, longtemps après, dira ce qui est nécessaire pour que le « pauvre lieu », ni impossible ni dérisoire, loin de se faire « pauvre songe », en vienne enfin à « fleurir » : il suffit, mais — aux limites de l'impossible — il faut que « je » en vienne à ne plus se *vouloir* tour à tour titan ivre ou nuage, mais accepte enfin d'être dans son être,

> « homme pieux, homme docile »,

capable de se mouvoir en harmonie avec ce qui a lieu, *quand* cela a lieu. D'être celui dont

> « l'habit bouge avec la brise ».

N'aspirant plus à devenir lui-même la brise, guéri du rêve volonta-riste de fusion qui était l'issue mortelle d'un délire engendré par la pensée que Nietzsche qualifiera de pensée de la « vengeance » et du « ressentiment »[5], il se fait praticien du « bouger avec » — com-préhension qui octroie *de surcroît* ce qu'interdisait la volonté, puisqu'elle implique que les deux, sans cesser de rester deux, vont ensemble selon des vitesses relatives, en une mise en relation fluctuante, accordées, où les deux se disposent, ou plutôt se compo-sent pour l'accueil mutuel. Car s'il « bouge avec » la brise, « je » est aussi, du même coup,

> « par les épines épargné ».

Une telle relation, toutefois, ne peut se constituer qu'à avoir *consenti*. A ce prix est la *com-préhension*. « Je » ne peut accueillir et être accueilli, prendre avec (soi) et être pris avec (ce qui le prend, et qu'il prend), qu'à être capable d'entendre :

> « Et l'esprit gaiement me demande
> Où donc perdure l'être intime
> Jusqu'au jour de son dénouement. »

La question est celle de l'être. Corrélativement de l'étant-là : participant de l'être, et à l'être. Du même coup, elle est question de

l'être-pour-la-mort : de ce qui, perdurant, va vers son dénouement.
La question est donc, d'abord, du consentement à soi dans sa propre
condition : l'étant-là y advient comme étant le «là» où il se trouve
placé — présent à ce qui se fait à lui présent, et qui avec lui le
comprend, cependant qu'il le comprend. Alors, pleinement
entendue, la question sonne comme «gaie», étant question qui n'a
pas même à être formulée. Réponse de toujours lui est donnée,
puisque consentement et com-préhension s'impliquent mutuelle-
ment :

> «Non, ne demande pas cela
> Si tu veux que je te réponde.»

Accueil du lieu — où, selon la logique de la *com-préhension*, le
génitif s'entend à la fois comme subjectif et objectif — le consente-
ment est ce par quoi le lieu se fait lien : y advenant ensemble, et du
même coup l'avérant (en figure d'«auberge verte»), «je», «la
brise» et «les épines» sont à la fois portés et enveloppés, en même
temps qu'habités et en leur intérieur traversés par ce qui les suscite
en entretien. Telle est la relation où «l'auberge verte», figure
(Bild) non de représentation de la chose en effigie, mais monstra-
tion de ce lien en co-action advenant, apparaît du coup comme le
seul lieu — «pauvre lieu», mais non plus dérisoire, ni impossible
— d'où peut se dire que

> «La beauté... sourd aux sources
> De l'image toute-première» [6],

— infigurable d'où surgit, indéfiniment multiple, la présence une.

Si la modernité s'est jouée entre le consentement accordé et le
refus opposé à l'infigurable, c'est selon que, dans la condition
échue de rupture et de perte de l'*un*, a pu ou n'a pas pu se constituer
la nouvelle relation. Rimbaud figurait l'impossible de la fusion —
qui est *mort*, mais Hölderlin un renouement : par consentement

(« docilité ») au « plus pauvre ». Qui ouvre. Dans cet « Ouvert », il arrivera à Ungaretti, « homme de peine », de se découvrir

« docile fibre de l'univers » [7]

et à Rilke célébrant Orphée de dire :

« Et tout en passant outre, il ne fait qu'obéir [8]. »

Quant au « plus pauvre », pensé et pratiqué jusqu'aux plus extrêmes implications (« monde/est net : le dénuement » [9]), il pourra, dépouillant peu à peu toute représentation, nécessairement — puisque par défaut — superfétatoire, en venir, « figure emportée ayant centre où se dissipe sa trace », à ne plus être, indéfiniment en apparition disparaissante et « rien qu'un accent : à placer » que ce « point » — « vide : /le vif » [10] — infigurable marque du présent :

« individu.   indivis.
                               un
et un autre qui est un.
insécable : pour chaque fraction homme, son esprit — lorsque, à cela il s'applique, du coup en défaut » [11],

— sur quoi, d'avoir été acceptée, sans répit se relance et se refranchit la condition atteinte.

TROISIÈME PARTIE

FIGURES

FIGURES DE LIEUX,
FIGURES DE PLACES

Quand, après avoir célébré des lieux, paysages où se placent des figures, plus intenses d'être perçues à travers leur absence, il en vient à poser la question : « Qu'est-ce qu'un lieu ? », Philippe Jaccottet* va répondre (c'est ainsi du moins que je traduis son propos, quant à ce que j'y entends et qui m'y questionne) : un lieu — non pas ceux de la simple « subsistance sur la terre », mais celui où l'homme « habite poétiquement » — est la place du mythe, ou de ce qui en tient lieu pour nous, pour qui le mythe s'est perdu. Cela peut encore se formuler : le mythe, ou ce qui pour nous en tient lieu, vient prendre place dans ce qui, dès lors que la présence y est perçue, se nomme pour nous un lieu et se donne à nous comme un lieu.

(Que *lieu* et *place*, ces mots jouent, au sens aussi de : s'ajustent mal, et surgissent à certaines places dans le discours que je tente, en locutions convenues et en d'autres mots de la langue, comme « trouver place », « tenir lieu » ou « locution » — avec ce dérapage plus que douteux sur l'étymologie : *loquor, locu(tu)s* —, ce n'est pas coquetterie, ni complaisance élocutoire, voire annominatoire. C'est la marque — la place qui s'y marque et la marque qui s'y place, dirai-je pour aggraver le « jeu » et en marquer ce qui, peut-être, fait déjà — presque — vertige quant à la place — la marque réitérée et traversière (tracassière) d'un questionnement encore informulé, mais qui « travaille » aussi le présent travail...)

---

* In *Paysages avec figures absentes,* éd. Gallimard, 1976, p. 128.

Mais je citerai le texte de Jaccottet :

> « Plus particulièrement : qu'est-ce qu'un *lieu* ?
> Qu'est-ce qui fait qu'en un lieu comme celui dont j'ai parlé au début de ce livre, on ait dressé un temple, transformé en chapelle plus tard : sinon la présence d'une source et le sentiment obscur d'y avoir trouvé un « centre » ? Delphes était dit « l'ombilic du monde » en ce sens, et dans les années de son égarement visionnaire, Hölderlin s'est souvenu de ces mots pour les appliquer à Francfort où il avait aimé Diotima. Une *figure* se crée dans ces lieux, expression d'une ordonnance. On cesse, enfin, d'être désorienté. Sans pouvoir l'expliquer entièrement ou le prouver, on éprouve une impression semblable à celle que donnent les grandes architectures ; il y a de nouveau communication, équilibre entre la gauche et la droite, la périphérie et le centre, le haut et le bas. Murmurante plutôt qu'éclatante, une harmonie se laisse percevoir. Alors, on n'a plus envie de quitter cet endroit, de faire le moindre mouvement ; on est contraint, ou plutôt porté au recueillement. Cet enclos de murs effrités où poussent des chênes, que traverse quelquefois un lapin sauvage ou une perdrix, ne serait-ce pas notre église ? Nous y entrons plus volontiers que dans les autres, où l'air manque et où, loin de nous enflammer, l'on nous sermonne. »

Pour ne faire qu'ébaucher une lecture à peine effleurante, j'avancerai que se « murmure » ici ce que l'on peut entendre dans l'envers — qui pour le coup devient l'endroit — de l'expression commune : « sans feu ni lieu » : pour qu'il y ait lieu, il faut qu'il y ait feu. Et, à partir de ce feu, un foyer — place où prendre place dans ce qui, alors, peut se nommer lieu. C'est donc le feu qui fait le lieu, ou la source, grâce à laquelle une chapelle, qui fut temple, est devenue et reste, même détruite, la place qui accueille, dans ce qui, par cet avènement, s'est fait lieu.

Au-delà, pourtant, de ce fragment, s'explicite autre chose en d'autres lieux du même livre : on y entend qu'une telle « pensée » de la place et du lieu ne peut avoir lieu et ne peut trouver place que parce que — le lieu surgissant et la place s'y constituant — (ré)apparaît aussi, du même coup, un *sol*, sur lequel s'établissent la place et le lieu. Et que ce sol caché, perdu et parfois réapparu se donne alors, « quand même », comme éternel, Jaccottet le dit aussi...

....

Pourtant, au fondement (issu d'une défondation) de la modernité — autre chose encore s'est dit, qui de cela ne fut pas nécessairement contradictoire. Seulement différent, peut-être. Que l'on considère de Hölderlin, le fragment sur lequel s'interrompt l'«hymne en esquisse» qui commençait par les mots isolés «*le Vatican*» :

> *Alors s'élève le chant nuptial du ciel.*
> *Repos plénier. Pourpre dorée. Et voici résonner la côte*
> *Du sableux globe terrestre dans l'ouvrage de Dieu*
> *D'explicite architecture, vert de nuit*
> *Et d'esprit, l'ordonnance de ses colonnes, liaison*
> *Vraiment totale, et centre en même temps,*
> *Et brillantes*

Apparaît ici, d'évidence, la figure ancienne du cosmos classique — lieu des lieux architecturé où tout peut venir se loger, se trouver une place, dès lors *sa* place, parce que la totalité s'y fait pensable, mieux : visible. Et non seulement dans les limites qui la bornent et l'achèvent, mais dans sa structuration interne — ordre sans failles et sans restes, de parfaite correspondance et adéquation entre parties bien ajustées selon la συμμετρία : ordre apollinien...

Cette «explicite architecture», toutefois, n'est pas par Hölderlin posée là comme par Dante l'univers de la *Divine Comédie* : fondé à l'origine, origine lui-même et séjour éternel, éternellement stable, immuable — dévoilant sa complétude toujours pré-existante selon le rythme réglé d'une marche elle aussi pré-destinée, qui le traduit en mots au fur et à mesure de son effectuation... La «*liaison vraiment totale...* » surgit à un moment précis, et sous des conditions précises. Le moment est celui qui suit immédiatement (*«Alors»*) le mot «*Adieu!*», prononcé à Rome — au Vatican — par Apollon lui-même. A l'avènement du Christ, le dieu qui présidait à cet ordre ancien a dû en constater la fin. Donnant congé lui-même à son propre règne achevé, il en a salué, «*impurement amer*», la mort :

> *Et de Rome pareillement, de ses*
> *Palais, Apollon dit,*

Impurement amer, Adieu!
Alors s'élève le chant nuptial du ciel...

Parole de deuil, d'où s'origine la figure du cosmos ancien — qui ne peut plus apparaître, dès lors, que dans le chant, disparu(e) de la civilisation. Surgissant en tant que disparu(e), mais aussi — dans le chant — surgissant et disparaissant à la fois : comme le confirme à l'autre bout du fragment le dernier mot écrit sur lequel la figure et le poème ne s'achèvent pas, mais s'interrompent : « Brillantes »... Brusquement, la vision et la phrase sont foudroyées par un éclat. Le « feu du ciel », encore une fois, vient anéantir la figure.

Elle s'était donnée non comme vue, mais comme — d'abord — entendue : effet de *chant*. Or ce chant était non humain — chant de ce monde lui-même, en apparition disparaissante : « chant nuptial du ciel », était-il dit ; et c'est « la côte du sableux globe terrestre » qui « résonne »... Chant parent de celui qu'invoquera Celan, il est ce qui « reste à chanter, au-delà de l'homme ».

La figure, donc, se donnait *par* ce qui résonne. Et cela résonnait *après* (peut-on dire à cause de ?) la mort de l'ordre apollinien... Que conclure sinon que Hölderlin nous donne à penser le lieu ancien de toutes les places comme ne pouvant plus surgir — et disparaître aussitôt —, comme chant, que dans l'éclat d'un instant, d'une rupture. Atome de temps lui-même, le chant déploie et en même temps foudroie la totalité disparue. Dans l'acte poétique se donne à connaître la mémoire de toute place dans l'instant où elle s'efface : absence en train de s'effectuer, perte en acte, de cela *où nous ne sommes plus*.

. . . .

Si, remontant dans notre généalogie, j'essaie de percevoir sinon l'instant lui-même où advint un tel événement (cela, nous le savons, ne se donne jamais qu'advenu, ou — avant son avènement — comme pressentiment, et sans doute Hölderlin, le désignant avant Nietzsche dans l'avènement du Christ, s'en est-il approché au plus près...), du moins une pratique qui fut travaillée par l'imminence de cette disparition, je désignerai une place...

(J'aurai, ici, procédé par un double glissement — sur le mot « place » et sur la suggestion qui m'est venue, par Hölderlin, des mots « le Vatican » et de l'évocation, à Rome, du Christianisme sanctionnant le deuil d'Apollon.)

... je désignerai donc une place, et la plus étonnante, celle que Bernin a construite, en figure cosmique comme toute place publique méritant ce nom, au Vatican justement.

« Architecture » elle aussi, mais non pas « explicite », « ordonnance de colonnes », mais qui ne laisse pas d'inquiéter ; « liaison vraiment totale », mais non immédiatement perceptible car cette liaison n'est pas « centre en même temps », — la place Saint-Pierre à Rome offre ceci qui nous questionne qu'elle n'a pas de centre géométrique — immanent : elle n'est pas tracée selon un polygone, comme la place du Capitole où Michel-Ange a souligné le point central en y installant la statue d'un empereur et en y faisant converger, par un jeu savant de droites et de courbes, toutes les lignes tracées à même le sol en pavés blancs et noirs ; ni selon la figure d'un cercle, du centre duquel — zéro central redoublé par une arche vide et par un tombeau, trou creusé dans la terre — peuvent se déployer des rayons et se constituer, même ouverte par des avenues, la limite sûre d'une circonférence, comme la place de l'Etoile à Paris. C'est une ellipse. Le centre, perdu, s'y est dissocié en deux foyers : perte de l'*un*, que souligne symboliquement l'acte architectural d'avoir placé, sur chaque foyer, une fontaine avec jet d'eau, eau qui s'élève et qui retombe et s'étale dans la vasque pour allégoriquement signifier que la fluidité est, là, comme produite par la déhiscence consécutive à cette perte et que, sur le dédoublement qui en résulte, rien ne peut plus s'édifier, en vertu de l'adage ancien que l'on ne bâtit pas sur l'eau. Défondation qui n'est pas sans se répercuter sur le tracé des bords : la colonnade, double, est elliptique, mais elle semble encore circulaire à celui qui entre dans l'espace ménagé et commence pourtant à céder au vertige qui le saisit, d'un obscur pressentiment... Vertige que relance et accélère le jeu sans fin que déploie le pourtour, en courbes fluides faisant régulièrement alterner les colonnes et l'air qu'elles interrompent, sur deux plans dont le premier cache et révèle le second qui derrière lui se déroule en le redoublant. Ce jeu de pierres et de vides — d'air doublement traversé de pierres — cette lumière comme prise dans un labyrinthe solide, semblent dévider une invisible sinuosité et faire entrer en un lent tournoiement spiralé l'ensemble des colonnes dont le regard suit la courbe tracée, sans cesse interrompue et relancée. La limite, ici, d'être redoublée, d'un redoublement indéfiniment ouvert, dit et répète, tout en en jouant, sa propre incapacité à se former.

Pourtant, aucune place n'est aussi pleinement place, au sens de lieu d'accueil. Il faut donc bien que l'ostentation de tant d'impossibilités cache ce qui a *quand même* permis d'en faire cette architecture concertée — d'une science suprême se voilant dans sa propre complexité. Et si j'en reviens à la « pensée » du centre qu'il faut ici penser à partir non seulement de son absence soulignée, mais de l'impossibilité affichée de le constituer, je dirai qu'en ce lieu où le centre géométrique fait défaut, il a fallu — pour qu'il y ait place, c'est-à-dire d'abord centre (et feu, et source) — trouver ce centre ailleurs qu'au centre matériel. Dans une transcendance, si l'on veut, venant relever le défaut du centre immanent. C'est pourquoi le Bernin a ouvert la place — déjà multiplement ouverte — vers le seul terme extérieur possible, déjà constitué en présence imposante et d'indiscutable signification : la basilique elle-même, et plus précisément la coupole de Michel-Ange, figure de la voûte céleste et de l'enveloppe cosmique, et plus précisément encore le sommet de la coupole, figure de Dieu lui-même (à l'aplomb de laquelle, sous la terre, sont les reliques de saint Pierre...)

Ainsi, par deux lignes idéales convergeant vers la sphère cosmique, vers l'axe qui la régit et vers le principe qui au sommet la meut et à la base la fonde, se construit un triangle fictif où les deux foyers fluides des fontaines voient leur déhiscence incapable d'unité et de centralité s'unifier vers un troisième terme absolu qui — en outre — amarre l'horizontalité menacée de dispersion à une verticalité figurant l'axe du cosmos. Mais l'univers ici figuré est devenu extérieur à son propre contenant : dévaginé, sorti de l'ancienne matrice enveloppante, il n'est plus formé selon le principe, désormais lointain, auquel il demande encore de le régir. La place dont le Bernin a flanqué la coupole de Michel-Ange donne à voir l'ultime moment mystérieux où l'ancien génie métaphysicien et théologien à son déclin, mais relayé par le savoir ouvrier des siècles classiques parvenu à son *acmè*, réussissent encore une fois à raccrocher *in extremis* un monde désormais étale, informe, ouvert, fuyant, traversé — à une transcendance qui déjà ne le fonde et ne le contient plus. Présence écrasante certes, lourde de mémoire et de fascination, mais déjà — comme les dieux de Hölderlin — retirée dans un autre espace, cette transcendance n'est plus la forme formatrice du monde que pendant des siècles elle avait été.

Histoire du déclin. De l'Occident. Encore toute d'allégresse et même (peut-être) involontairement ironique dans l'opération de celui qui y trouva l'occasion de déployer, une suprême fois, au paroxysme de leur exaltation, les trésors baroques, ecclésiastiques et italiens du génie de l'astuce et les prestiges d'une maîtrise d'autant plus fascinante et jubilatoire qu'elle était plus menacée... Mais la vitesse et la dextérité des opérations, même ultérieurement accrues après lui, ne pourront indéfiniment permettre de tenir le pas gagné. La virtuosité du siècle suivant, dit rococo, n'y suffira plus ; d'ailleurs, s'affinant elle perdra en vigueur. D'autres pratiques devront s'inventer, quand le cosmos ne pourra plus apparaître que foudroyé... ou devra se penser comme mémoire elle-même effacée.

De cette mémoire, peut-être pouvons-nous, généalogiquement, retracer quelques événements majeurs — historialement déployant l'espace capital, pour l'intelligence du poétique, que demeure « l'art italien ».

ENTRE L'ŒIL ET LA MAIN :
DU DÉFAUT À L'EXCÈS

(Le représentable, de Léonard à Bernin)

Brunelleschi avait mis, pour un siècle, le monde en ordre[1].
Cosmos de géomètre, c'est-à-dire de technicien. Pur espace,
excluant le temps pour se vouloir, dira Masaccio, « certain et
habitable », contenant délimité d'euclidienne mémoire et qua-
drillé, rendu (pour l'œil plus que par lui[2]) mesurable et (par la
main) représentable selon les lignes tirées à partir du point fixe à
l'infini, figure infigurable du principe universel qui fonde, régit et
situe en cet intérieur toutes choses. Infini confortable, du reste,
puisqu'il se donne, à hauteur, juste, de notre œil, dans une
horizontalité faite à la mesure exacte de la verticalité de l'homme,
nous plaçant face à lui et aux figurations qu'il supporte. Devant.
Non dedans. Séparés, donc, par l'écran de la surface peinte, et
depuis l'espace de la finitude qui définit notre condition, mis en
posture de maîtriser la représentation qui s'en donne, creusée dans
la profondeur fictive de cette surface où viennent s'inscrire, fondés
sur le point et régis par les lignes, tous les objets harmoniquement
composés, à leur place relative, selon la *symmetria*, pour donner à
voir la forme universelle du *cosmos*.
De ce cosmos, Piero et Alberti déploieront les fastes réels et
théoriques — les significations de maîtrise (plus que de souverai-
neté) que l'œil arpenteur y propose à la représentation par la main.

Au tournant du siècle, pourtant, Léonard va indéfiniment se heurter à ce qui s'y inclut de limite. Il est celui qui questionne le plus intensément, là où cette limite fait souffance : au défaut apparu de la représentation. Car de l'œil à la main la question se pose d'un troisième terme, intermédiaire, voire — selon les suggestions de la philosophie — synthétique et fondateur. Michel-Ange, après lui, pariera encore que ce troisième terme est « *l'intelletto* » dont l'œil ne serait que la métaphore par défaut, et la main l'exécutant docile [3]. Mais Léonard, moins susceptible d'engouements idéalistes, s'obstinera à explorer le seul « triangle » hérité du *Quattrocento* : l'œil, la main, la chose à représenter (le monde, le corps). Cet objet que voit l'œil, transcriptible par la main, il ne cessera de croire que c'est lui qui fait question. Car à chaque regard, à chaque « voir » de chaque objet, son « parler » [4] — la langue quand il écrit, mais, quand il dessine sa main elle-même, pourtant savante, technicienne, ouvrière et virtuose jusqu'à la danse — reste inapte à tra-duire *tout* ce que voit l'œil. Et d'autre part (et préalablement) : l'œil lui-même ne voit pas *tout*. Toujours quelque chose reste, au-delà de sa mesure, non représenté, voire non capté. Il faut donc en venir à penser que le principe qui porte toutes choses n'est pas — à l'infini face à l'œil — ce point fixe... Mais qu'autre chose est là, présent et néanmoins dérobé : à la fois relatif à l'œil qui scrute et à la main qui trace, et immanent à chaque objet. Toujours chez Léonard se donne à *vivre* [5] cette expérience de l'impossible qui tient, semble-t-il, à un fait pourtant simple : un même corps n'est pas toujours le même. Et l'espace n'en est pas le contenant fixe qui le situe. Plutôt : traversés de temps, espace et objet bougent sans cesse, toujours autrement constitués d'un réseau de relations moins géométriquement constructible que tramé de forces multiples [6], mystérieuses quant à la nature de chacune, aux temporalités et vitesses diverses dont elles relèvent, aux modes d'inter-action selon lesquels elles opèrent. Un visage se change, non seulement avec les ans, mais de la lumière du matin à la pénombre du soir, ou selon que l'air qui l'enveloppe est clair et sec, ou chargé d'eau [7]. Les circonstances le modifient. Très lentement, ou très vite. Il peut suffire d'un clin d'œil, atome de temps —

ce battement de paupières[8]. Ces menus faits d'expérience impliquent qu'en chaque objet, chaque forme, une force est à l'œuvre dont ne rend pas compte la «perspective linéaire», cette mesure géométrique, ni ces perfectionnements ultérieurs qu'en constituent la perspective de la couleur et celle de la *«spedizione»*[9].

Les dessins et les textes de Léonard disent cette obstination de l'œil qui scrute et de la main qui, précise et rapide, transcrit. Essaie de transcrire, plutôt, dans le visible ce qui — inclus — ne vient pourtant jamais à la représentation. Ainsi de cet arbre dont les racines se sont enfoncées dans le rocher[10] : comment le bois tendre a-t-il pu fissurer et ébouler la pierre compacte? Quelle énergie a fait cela, qui n'est pas réductible aux matières en présence, et qui néanmoins les hante? (On pense à Hofmannsthal : *«Si je savais exactement/Comment de son rameau cette feuille est sortie/Je me tairais à tout jamais/Car j'en saurais suffisamment*[11].*»*)

Il y a ce nuage : il se déforme dans l'air. L'air est ce fleuve, cette force[12] qui opère de telles anamorphoses dans la vapeur d'eau condensée. Léonard dessine le nuage[13]. Mais l'air? Il peut en peindre les nuances. Mais ce qui les produit — les change?

Il y a cette algue dans l'eau[14]. Elle se tient, non écrasée par la masse de l'eau, et cependant elle ondule et cède aux mouvements de l'eau. Quelle force dans l'eau, et quelle dans la plante? Quelles lois les régissent?

Il y a ce vieillard qui se meurt à l'hospice[15]. Chaque jour Léonard va le voir. Il questionne, il observe, il constate que chaque jour il a un peu plus dépéri. Une force, là aussi, «travaille» ce corps, l'amenuise et dissout peu à peu les tissus sous la peau. Il a acheté le corps, en secret, par avance. Un matin, le vieillard est mort. Il dissèque aussitôt le cadavre émacié. Que cherche-t-il, sinon dans le corps mort, ce qui l'a fait mourir? Non la forme qui en reste, représentable, mais l'agent, le facteur. Mais son œil et sa main ne figurent encore que ce reste. Le résultat. La forme, non la force — qui a fui. Ce qu'il trace n'est pas non plus la forme de la force. Il n'y a pas de forme de la force. Il n'y a que la forme qu'a *laissée* la force toujours insaisissable. Au-delà. Deux temporalités jouent là, mais si les deux nous sont sensibles, une seule reste accessible à la représentation. Décalage incomblable entre le temps de l'énergie et le temps de la forme, la vitesse immesurable de l'une et la lenteur — que Brunelleschi put traiter comme immobilité — de l'autre. Co-présentes et sans commune mesure. De l'une l'autre nous exclut. Nous en ôte l'accès.

La pensée de ce décalage — inhérent à l'énergétique incluse au corps des choses — «travaillera» tout le maniérisme. Et d'abord (et surtout?) Pontormo, jeune virtuose de la *Déposition* ou vieillard ténébreux des fresques disparues de San Lorenzo.

Suave, horrible *Déposition*[16] — cette architecture de corps, toute de sinuosités, suprême élégance qu'accentue le jeu savant des roses, des jaunes, des verts tendres, des chairs nacrées, grâce apparente que nul, pourtant, jamais n'a pu dire «jolie». Car l'horreur l'étreint. Le sol du monde figuré — du monde de l'art — bascule vers nous. Le point de fuite à l'infini qui depuis plus d'un siècle fondait la représentabilité de l'espace, ce point figurant l'infigurable du principe universel, soudain n'est plus à l'opposé, de l'autre côté du monde fictif, dans la profondeur rassurante d'un espace réglé dont nous séparait l'écran de la surface peinte, ni dans l'horizontalité confortable qui nous la donnait dans l'en-face, à hauteur de notre œil. Très haut, soudain, quelque part au-dessus de nos têtes, le principe infini est passé du même côté que nous. Nous voici *dans* l'infini sans repères : le sans-lieu est devenu notre lieu. Pensée redoutable, nous ne sommes plus à l'abri. Et en effet : le monde figuré n'est plus que tourbillon figé, cylindre, colonne creuse qui, posé(e) sur ce sol oblique, menace de s'effondrer sur nous et de nous écraser. L'axe qui le traverse pour, en son centre, le régir, traverse le ventre, voire le sexe de la mère de Dieu — creux de la naissance et de la mort du principe cosmique. Mort lui-même, car sur le bord extrême de la spirale figée, glacée en couleurs sinueuses et suaves, le corps divin n'est plus que ce cadavre qui tombe vers nous. Un corps nous est jeté, cadavre de Dieu. Dieu : déjection. Ce corps si beau : un déchet. Le corps de Dieu : un étron.

Ecrit quelque trente ans plus tard, au cours des trois dernières années de la vie du peintre, le *Journal* de Pontormo [17] nous rend rétrospectivement lisible l'horreur incluse à l'apparente suavité du tableau.

Le grand œuvre, à San Lorenzo, fut insupportable aux prêtres. Il troublait les fidèles pendant l'office. Il fut détruit [18]. Il nous en reste les dessins préparatoires : ces corps nus (et morts) onduleusement dessinés s'entassent, sans interstice entre eux, s'épousent horriblement... Et le *Journal*, dans son laconisme obsessionnel, ne cesse de dire d'*où* ils sont issus et de quelles opérations ils sont le résultat.

Non plus de la machine *œil-main* du *Quattrocento*. Mais d'une autre machine, dont le corps de l'artiste est l'étrange alambic :

> « *... et le soir je cuisis une tête de chevreau* [...] *lundi je fis la tête de l'enfant.*
> ....
> *dimanche je dînai avec Piero de veau* [...] *lundi je me levai de bonne heure et je fis le torse qui est dessous* [19]. »

Ce qu'absorbe le corps traverse le corps. S'y transforme. Et peut se trouver deux issues. Si Pontormo est attentif à tout ce qu'il mange, et s'inquiète de ce qu'il excrète, et note soigneusement ce qu'il peint, c'est qu'il vit son propre corps comme une usine à métamorphoses. Par une chimie étrange, magie naturelle et travail mystérieux, ce qu'ingurgite la bouche se change, dans son lent passage à travers les organes qui le restituent transformé — déchets abjects ou sublimes — en forme d'excréments ou de dessins, voire d'isomorphies absurdes, ironiques ou cocasses [20]. Selon l'issue que *cela* se trouve. Fonctionnement sacré du corps qui n'est plus (seulement) objet de représentation, mais d'abord machine énergétique transformant la matière : un corps réel (et mort) doit être détruit et transformé par le corps vivant pour se traduire en corps représentés — morts. Pontormo expérimente qu'entre l'œil et la main il n'y a pas l'*intelletto* platonicien de Michel-Ange, ni même le seul objet de Léonard, dont l'énergie incluse résistait à toute représentation. Cette énergie est d'abord inhérente au corps de l'artiste,

comme à tout corps. La bouche, et non plus seulement l'œil, est
une voie d'accès à l'art. Dont s'avère un nouveau statut, où le
corps est cet appareil par lequel — de la bouche à la main — la
nourriture peut se faire chef-d'œuvre peint, la matière —
énergétiquement — représentation : forme que trace la main,
selon l'injonction mystérieuse du corps.

De cette main, une représentation emblématique — en
manifeste, presque, du maniérisme — aura été proposée dans
l'auto-portrait du Parmesan [21].

Des motifs — ou *topoï* — dont se constitue cette peinture,
aucun n'est inventé. Mais de chacun est déplacée la valeur relative
conventionnelle et, partant, changée la signification. L'artiste s'y
inclut dans un cercle qui ne figure plus l'universel métaphysique du
principe divin (comme dans le *Tondo Doni* de Michel-Ange), mais
l'universel poétique de la pratique picturale qu'exerce la main,
offerte au premier plan. Cette pratique, d'autre part, ne consiste
plus en la représentation exemplaire (« universelle » selon l'accep-
tion aristotélicienne) de « ce qui est » (comme pour Raphaël
exécutant le portrait de Léon X à un pli près de la peau, à un
reflet de velours près...), mais en la représentation d'une
représentation — peinture d'une figure en miroir (convexe, de
surcroît) : un œil de chair, qui voit un « œil » de verre où il se voit,
le représente, peint. Simulacre au troisième degré en quoi réside le
nouvel infini — « mauvais infini » dira Hegel, car il est (déjà) ce
sans-fin des actes singuliers en réitérations inarrêtables surgissant
de chaque expérience, toujours singulière. Le monde ne s'y donne
plus dans une objectivité qui lui serait propre, intrinsèque et
immuable, et à laquelle nous aurions accès, mais selon une vue
spéculaire, convexe-concave, par laquelle les fenêtres s'étirent ou se
font globuleuses et où le praticien de l'art ne se (re)connaît plus à
son visage en réduction, mais à sa *main* proéminente. Mais
surtout : cette main offerte, fuselée, délicate, d'une finesse qu'ac-
centue la finesse de la bague, est une main ouvrière. Et cette main
droite de l'art est main gauche du quotidien. Tel est le nouveau

statut du travail qu'elle effectue : l'art travaille (dans) l'envers des apparences. Il est cette pratique de la main qui, creusant l'envers du monde, y opère un renversement, inversant l'inverse pour nous le donner. Le Parmesan fournit la représentation achevée de ce qui s'impliquait dans l'écriture gauchère de Léonard. Ce n'est plus dans le « bon » côté du *Quattrocento* que l'art désormais a lieu. Par retournement (torsion, tournant, déclinaison) il se fait don de ce qui resta inaccessible au siècle précédent.

Pourtant : la main ne sait encore que restituer des formes représentées, issues de « l'autre côté ». La force qui les y a produites, chez Pontormo, reste toute enclose au corps de l'artiste d'où ne sortent, par la main, que ces corps morts, déchets d'aliments : figures sublimes, c'est-à-dire issues du *sub limine*. Déjections. Restes de l'énergie.

Telle restera l'impasse du maniérisme, sa limite — de ne pouvoir, au mieux, que (re)franchir sans cesse le seuil qui sépare encore un dehors d'un dedans, un endroit d'un envers. Selon une logique survivante du cloisonnement isolant un espace de formes définies d'un champ de forces occultes. D'où s'ensuit que ces dernières ne peuvent se penser que bouclées, et que le passage vers l'endroit, l'*art*, reste *tra-duction* : fabrication de formes médiates, parfois si solidement fermées qu'elles en viennent à ne plus avoir de fonction que de contenir l'énergie incluse et — dans les cas de maîtrise extrême — de parvenir à la composer et à se composer en *continuata bellezza*[22], comme exemplairement le montre l'art athlétique et pourtant lisse de Gianbologna. Et si la célèbre *Madone au long cou* du Parmesan[23] est toute agitée d'une subtile vibration, tendue jusqu'à la limite qui — à chaque instant — risque d'en briser la surface précieuse et d'en déchirer l'onduleuse ligne, il reste, sur le fond, cette colonne blanche, verticale — unique vestige sauvé d'un ensemble qui n'aura jamais été peint —, en la contemplation de laquelle s'apaise la fièvre des futurs déchirements (que cette colonne annnonce pourtant : car que reste-t-il de solidement formel sinon cette figure solitaire, la seule qu'ait pu dresser l'architecte sombre et minuscule, mais déjà elle-même affinée, amincie, en voie d'amenuisement ?). Pourtant la forme —

menacée — survit. La représentation inachevée, fragilisée, pressentant son épuisement, s'achève en cette élégance exténuée de lignes qui parviennent encore à se composer harmoniquement.

Que cette ultime résistance cède, que la forme encore close éclate — et l'art aura franchi le pas dont l'exigence le « travaillait » depuis le questionnement de Léonard. Il aura fallu, pour que ce franchissement ait lieu, qu'un *geste* fût fait. Geste poétique...

Le génie du Tintoret aura été de, parfois, l'effectuer. Pas de côté, tournant, par lequel s'instaure soudain un nouvel être au monde. Un acte, plus qu'une pensée, et le monde, du même coup, se donne, aboli tout cloisonnement, comme déferlement énergétique — poussées, tractions, éclatements, libres et solidaires —, plexus puissant s'épandant en lignes de forces qu'inscrit la main.

Ce type de geste projette sans médiation sur la surface à peindre ce qui ne fait plus que traverser : événement. La main n'est plus que le *medium* qui capte l'énergie déliée, et (quand et si elle passe) en inscrit la trace en obliques vertigineuses et en courbes tournoyantes.

Par l'oblique se figure l'événement qui surgit, catastrophe singulière qui ruine le monde ancien et en instaure un autre. Dans le *Moïse faisant jaillir les eaux du rocher* [24], l'ordre du *Quattrocento* ne bascule plus vers nous. Il s'effondre vers l'intérieur de son propre espace conventionnel — celui de la profondeur fictive du tableau perspectif. Le point de fuite à l'infini s'enfonce au-dessous du bord inférieur de la représentation. Rendue transparente, parcourue de chevaux furieux et de nuées déchirées, la longue perspective de plaines et de montagnes s'engloutit sous cette ligne et s'engouffre vers le sans-fond. Se perdent du même coup les repères anciens du lointain et du proche, du haut et du bas. Car Moïse, projeté au sommet de ce basculement y a effectué le geste de la main par quoi l'événement vient d'avoir lieu : l'eau jaillit en étincelles, mariant les deux éléments « entre eux plus adversaires » [25] — union, lutte du feu et de l'eau, qui déploie autour de soi, par son avènement, le nouvel espace dont le surgissement a foudroyé l'ancien.

Le monde qui, d'un geste, s'effondre et s'engendre, entre du même coup en devenir. Dans le *Saint Georges tuant le dragon*[26], les lignes de forces s'inscrivent en grandes ellipses où se prend à tourbillonner un siècle d'histoire de la peinture : s'y enchaînent les techniques successivement privilégiées par les générations précédentes. Elles s'y trouvent toutes à la fois prises dans le même (mi)lieu tournoyant, y constituent un univers en voie de perdre, en les mêlant, ses repères historiques et ses limites spatiales. Ailleurs, dans le *Mariage d'Ariane et de Bacchus*[27], les lignes se tracent comme vides et interstices par lesquels entrent en relation de connexion disjonctive des mondes différents : les trois figures, où coïncident le modelé de Michel-Ange et la «pâte» du Titien, décrivent trois espaces courbes, incompatibles et néanmoins co-présents, qui convergent : le monde céleste (Vénus) unit la fille issue de la Terre (Ariane) et le bâtard de Zeus (Bacchus — né de la Terre et du Ciel, et venant de la Mer).

Oblique et courbe, tourbillons, effondrements, événements uniques, singuliers : œuvres de la main. Qui ne «creuse» plus. Mais vole, rapide — inscrivant un cheval en un seul trait calligraphique de lumière et d'ombre mêlées. Absent de toute cavalerie, ce cheval[28] a surgi de la main comme l'eau du geste de Moïse et comme le bambou peint de la main et du «cœur» du peintre chinois[29]. Avec le Tintoret, la force qui «jaillit du cœur» ne reste plus prisonnière du corps métamorphique de l'artiste. Elle n'est plus passage douloureux, horrible, voire obscène, d'un dedans ténébreux vers un dehors de lumière où elle parvenait morte, mais — traversant la main, impulsant le geste — projection d'elle-même sur un vide sans envers ni endroit, sans autre «forme» que celle qu'elle y déploie, alentour de son propre traçage.

Bientôt, ce ne sera plus même dans le vide qu'elle s'épandra. Puissance déliée, elle se fera capable d'investir toute matière et toute forme, de la traverser, (re)modeler, métamorphoser. Le Bernin, là, triomphe.

Il travaille le marbre. Le geste assouplit la pierre rigide. Cet effort est moins commun qu'il ne paraît : Michel-Ange ne modelait pas, il «ôtait» — extrayait de la matière brute la forme idéale qui de toujours s'y trouvait enclose. Idéalisme : néo-platonisme, ou plutôt néo-aristotélisme [30].

Le Bernin ne cherche plus, dans la matière, des formes. Son «ébat» est tout autre. Toutes les formes (lui) ont déjà été données. La force qui meut sa main les ouvre, les traverse, et laisse se répandre ce qui y restait enfermé. A coups d'événements successifs, qui scandent sa longue carrière. Dès *L'enlèvement de Proserpine* [31], un premier événement a eu lieu, qu'il sanctionne : la statue, figure du cosmos, n'est plus visible dans son entier... Si je vois Pluton, je ne vois plus Proserpine, si je vois Proserpine, je ne vois plus Pluton. Je devrais pouvoir me placer entre eux pour voir leurs deux visages : position impossible. Il n'y a plus de lieu pour voir le tout, il n'y a plus de tout. La forme a éclaté. C'est pourquoi aussitôt après, elle se dédouble : l'*un* se fait *deux*, *Apollon et Daphné* [32]. Le dieu vient de l'espace ancien, il court encore, mais son élan, qui fut celui du *Mercure* de Gianbologna, se fige. Il ne sortira pas du lieu traditionnel qui fut le sien, il ne la rejoindra pas, elle, la femme qui a eu accès au-dehors, qui est déjà dans l'Ouvert, qui y meurt, s'y fait autre... Sculpter alors n'est plus représenter, mais expérimenter le devenir de la matière : le marbre se fait chair (déjà la cuisse de Proserpine, où s'enfonçaient les doigts du dieu, n'était plus pierre...), et cette chair se mue elle-même en bois opaque, en tendres rameaux et en feuilles bruissantes. Le marbre, entre les feuilles, figure jusqu'au vent, l'air...

Cinquante ans plus tard, dans la *Ludovica Albertoni* [33], il se gonflera par vagues, amples ou délicates, soudain brutales : la lumière, le soulevant, y plongera vers une nuit anfractueuse et déchiquetée. Sur ce lit où le marbre s'est fait tissu, doux au toucher, d'un matelas et d'un oreiller brodé, un corps de femme se défait, meurt et renaît — dans la lumière qui la ré-engendre. Dans la posture qui fut celle de l'*Aurore*, mais sous l'épaisseur écrasante d'une robe de bure, il se morcèle, déchiré, se dissout et fluide se change [34]. Les plis profonds du vêtement, effondrés en ténèbres, ont tranché la représentation fictive du ventre, ne laissant à la place que ce pli abyssal, figure du sexe, lieu de la métamorphose où vie et mort se convertissent l'une en l'autre. Et si la lumière découpe dans la pierre jambe et sein en formes géométriques abstraites, la chevelure se fait plus sensuelle d'être onduleusement simulée par un voile — cependant que les mains, modelées, potelées, célèbrent à nouveau, en représentation, la tendresse charnelle qui fut celle du corps de Daphné, et que la gorge et le visage transparents, issus de l'échancrure de la robe et tournés vers le ciel, en accueillent la lumière qui les éclaire comme du dedans, et soudain en troue la surface diaphane, pénètre dans la nuit creusée de la bouche, traverse la mince paroi des narines et rend translucides la lèvre et les ailes du nez. Co-action d'éclat et de ténèbres, de l'amplement sinueux et du brisé, de l'opacité et de la transparence, de la matière et de l'énergie, le *trépas* — passage à travers — consiste en cette traversée mutuelle de termes non plus antinomiques mais s'engendrant mutuellement, en un jeu sans fin de forces exultantes où la représentation, excédée, cède au surgissement d'une figuration expansive, celle des multiples puissances de la matière, quand la forme éclatée en a libéré l'énergie incluse et que la matière se fait fluide en mouvement, toujours ... Co-appartenance du devenir. Rythme, scansion — émergence du Réel.

« VIVE FIGURE »

Diptyque adressé à Vittoria Colonna, le sonnet 151 et le madrigal 152 de Michel-Ange [1] disent :

N'a l'excellent artiste aucun concept
Qu'un marbre seul en soi n'enclose
Dans son excès ; et seule à lui parvient
La main qui obéit à l'intellect.

Le mal que je fuis, le bien où j'aspire
En toi, dame de beauté altière et divine
Ainsi se cèlent ; et à fin que je ne vive
J'ai l'art contraire à l'effet désiré.

Amour, donc, ni ta beauté, ni dureté,
Ni fortune, ni haut dédain ne sont
Coupables de mon mal, mon destin ou mon sort,

Si dans ton cœur mort et pitié
Ensemble tu portes, et si mon bas esprit
Ne sait, ardant, en tirer que la mort.

*

Et comme par ôter, dame, s'élève
En pierre alpestre et dure
Une vive figure
Qui plus s'accroît où plus la pierre s'amenuise,
Ainsi des œuvres bonnes
A l'âme qui en tremble
Cèle l'excès de la chair
Sous son écorce, crue et dure, inculte.
Alors toi, des extrêmes
Parts de mon être peux ôter ce
Qui en moi n'est de moi vouloir ni force.

L'habitude, en quatre siècles acquise, de ne citer, donc de n'entendre, du sonnet que le premier quatrain et, accessoirement, les quatre premiers vers du madrigal, où Michel-Ange déclare la poétique qu'implique, qui porte et gouverne son art de sculpteur, aura peut-être fait obstacle à l'écoute de ce qui effectivement, dans les deux textes et de l'un à l'autre, se joue — à savoir que ces deux « comparants », selon la figure rhétorique convenue, servent d'*exempla*, dans le sonnet à ce qu'opère et dans le madrigal à ce que peut, ou plutôt devrait pouvoir, opérer l'autre — en l'occurrence la dame — sur « je ». La pratique de l'art, plus précisément la relation du praticien de l'art à sa pratique, y sont données comme exemplaires de toute relation à l'autre. A ne pas considérer seulement la lettre des deux poèmes, mais à essayer d'y entendre l'opération en ce qui la fonde et produit, ces deux « attaques » de poèmes ouvrent le mouvement — ou geste — de la pensée poétique : métaphorique et rythmique. Par ce geste *ceci* — en l'occurrence : la pratique de l'art — vient se placer en relation d'homologie avec *cela* : relation amoureuse et relation de l'homme à son principe, relation de tout « je » à tout autre et au principe qui les fondent tous et vers lequel ils tendent. Du même coup se trouve mise au jour l'essence de toute relation — inférant que *ceci* et *cela* (l'art et l'amour, l'homme et la femme) relèvent toujours du *même* sans cesser d'être, entre eux, différents et comme tels, de l'un à l'autre irréductibles en même temps qu'irréductibles, ensemble et chacun, à ce *même* dont ils sont pareillement issus. Dans leur irréductibilité les avérant comme deux, entre eux et de lui séparés, ils ne l'éprouvent pas moins, le manifestant en tant qu'ils relèvent de lui, dans son essence *une*. Plus simplement : s'effectuant comme rapport à l'autre, la pratique de l'art relève du *même* que tout rapport à l'autre. La dame — autre de « je » — se configure comme celle, irréductible à « je », vers qui « je » tend, mais n'atteint pas. Il en éprouve la mort : sa propre mort, sentiment de sa propre finitude. Elle lui donne à connaître, en douleur, qu'on n'est pas tout et que nous mourrons[2] — ou, pour parler encore avec les termes de Bataille : le rapport à l'autre dévoile à « je » le « principe d'insuffisance » qui le constitue singulièrement et universellement en tant que « base de chaque être »[3]. L'altérité, se révélant, donne à éprouver la complétude du *même,* et qu'elle est impossible et hors d'atteinte pour tout « je ». Par la métaphore sur laquelle s'articulent les deux textes, s'infère que toute pratique, tout acte, tout geste — pratique de l'art ou relation d'amour, acte de pensée ou tension vers l'autre, que cet autre soit charnel ou spirituel — est relation, dans le *même,* de l'un à l'autre et au *même,* mais telle que l'autre et le *même* y sont à jamais le sans-accès. Cette connaissance surgit, en acte, dans l'acte même où l'être (« je »), tendu vers lui aspire à cet autre qui se donne et se dérobe à la fois. D'où s'ensuit que tout acte est — insoluble ou, pour mieux dire, ab-solue — révélation d'une révélation et d'un dérobement de ce qui se révèle : « entre » incomblable entre l'un et l'autre, et entre eux et le *même.*

Que, chez Michel-Ange cette ab-solue tension de l'être — dans l'adhésion qui fut alors la sienne, par Vittoria Colonna interposée, à la réforme de Valdès — se configure encore, selon l'enseignement ancien de Marsile Ficin, comme réactualisation de *l'un* plotinien en complexe conflit avec la « théologie » poétique, c'est-à-dire érotique, issue de Dante et en obscure solidarité avec les suggestions venues de Savonarole[4], c'est chose à considérer, pour la topologie culturelle d'où cela, surgissant, s'organise, mais c'est aussi chose à « traverser » et à « oublier », pour la singularité, relevant de l'universel poétique, que la pratique singulière de Michel-Ange lui confère. Car si l'élan vers l'autre se traduit par le geste de demander à Vittoria Colonna d'opérer sur lui, par impossible, ce qu'en tant que sculpteur il opère dans le marbre : de se faire, elle, l'autre, le Michel-Ange de Michel-Ange, en « ôtant » de lui, comme il fait la pierre, « l'excès » de « chair » qui l'encombre pour qu'apparaisse de lui, au plus secret de lui, la « vive figure », sous cet excès cachée, de ses « œuvres bonnes », il reste — propre à Michel-Ange — que de cette ab-solue tension le travail de la main se fait la figure majeure — geste dans l'effectuation duquel se rencontre, s'éprouve, se pense et s'accomplit le mouvement, sans possible issue, qui — au prix de la plus douloureuse violence — traverse, les « ôtant », les épaisseurs accumulées de pierre qui se tiennent, faisant obstacle, entre l'artiste *(« l'intelletto »)* et le « concept », en lui vivant, de la « vive figure » enclose dans la pierre. « Oter », ici, est traverser, franchir cette matière en trop et, l'oubliant, la laisser derrière soi pour en extraire ce qui s'y tenait enfermé. Travail de la main et matière sur laquelle s'exerce ce travail sont ici la double figuration — chemin qu'il trace et obstacle qu'il rencontre et franchit — de la voie par laquelle il va, franchissant, vers la présence. Laquelle — « concept » de « vive figure » — est à la fois, en tant que « concept », ce qui, en lui, l'appelle depuis le cœur de la pierre et ce qui, en tant qu'autre en qui réside le *même* et en tant qu'impossible à, pourtant, atteindre, en cette pierre gît comme « vive figure » qu'il s'agit d'y éveiller et d'en extraire, puisqu'elle appelle pour cela, voire demande cela, comme Michel-Ange appelle, en demandant à Vittoria Colonna d'opérer en lui un acte similaire.

Que, selon le mouvement même de la pratique de Michel-Ange, nous soyons sommés, le lisant et nous efforçant de le penser, d'effectuer nous-mêmes un tel mouvement, montre la relation — impossible à tenir discursivement, car disjointe — entre les références qu'explicitement s'est donné Michel-Ange et la pratique que révèle, dans son déploiement au cours de trois quarts de siècle, son œuvre sculpté.

Ce qui, selon l'idéologie acquise — néo-platonicienne et néo-aristotélicienne —, était, dans la pierre, à atteindre, se définissait comme forme (« figure »), conforme à l'idée (« concetto »). Et peut-être Michel-Ange s'est-il, si j'ose dire, « contenté » de sculpter selon cet héritage, sinon dans la première *Pietà*[5], du moins dans le *David* où le « concetto » du basculement du corps sur les hanches, suggéré par le marbre « salopé » qu'il avait accepté de travailler, s'est trouvé en accord avec la conformation de ce bloc[6].

Si l'on considère, pourtant, les figures sculptées, de 1526 à 1534, pour la Chapelle des Médicis[7], on pourra, certes, encore proférer la demi-sottise à laquelle continue de nous inviter la seule *Aurore*, à savoir que, dépouillée de tout poids du superflu dont elle a été dégagée, la parfaite beauté, rigoureusement mesurée en surgit encore, vingt-cinq ans après le *David*, comme pure forme — confirmant le pré-jugé que Michel-Ange serait ce sculpteur pour qui l'œuvre de pierre, pure idée, est ce qui reste, forme sans substance, quand tout excès de pierre a été enlevé.

Pourtant, l'*Aurore* n'est pas seule.

La forme parfaite, avec les autres en est prise dans l'infini «vortex» d'où — à jamais de lui et de chaque autre séparée, et néanmoins de lui et de chaque autre chacune issant, transformée — par rupture et déclinaison, indéfiniment et tour à tour, s'engendre chacune :

— dans l'oblique que trace le regard de l'*Aurore*, le *Jour* : corps mâle issu de l'*Aurore*, l'énergie incluse en gonfle les muscles du dos, du ventre, des jambes et le change en paysage de montagnes et de vallées, cependant que selon la technique du *« non finito »*, le visage s'efface comme un ciel nébuleux ou comme une ultime montagne perdue, dissoute dans les brumes ;

— mais face au *Jour* qui y contemple son propre devenir et auprès de l'*Aurore*, en contraste avec sa perfection linéaire et volumétrique, s'affaisse et se défait le *Crépuscule*. En son corps de vieillard s'épuise la force qui fut celle du *Jour* : elle va mourir et renaître, par une rupture ultérieure déclinant, selon son regard oblique, dans la figure féminine de la *Nuit* :

— vieille femme en train de rajeunir, encore incomplètement redevenue jeune, la *Nuit* lutte, lovée en position fœtale, contre le flux énorme qui l'entraîne obliquement vers la naissance : elle traverse, résurrection en acte, sa propre mort qui est mort de toutes choses, vers l'*Aurore* future, sa figure achevée.

Face à elle l'*Aurore* n'est plus seulement la pure forme supposée. Issue de mort, sourcilleuse et dolente, la vie ressuscitée contemple déjà sa propre mort : émergence éphémère, bientôt elle

ne sera plus — transformée en *Jour* puissant, mais d'une puissance
elle-même en voie, déjà, de dissolution...

Toute forme œuvrée, pur instant, émerge — par le travail
arrachée — du flux qui emporte avec elle l'ouvrier vers un autre
éventuel instant. La présence de la « vive figure » surgie de la pierre
ne cesse de disparaître dans sa propre apparition. L'avoir atteinte
implique qu'il faudra l'atteindre encore quand, changée, elle sera
devenue autre. Jamais elle ne sera atteinte puisque, dans l'acte
même de l'atteindre, s'éprouvera toujours qu'elle se dérobe et se
change.

Telle est, du *« non finito »* — au-delà des contingences qui, ici
et là, ont pu le produire par accident — la signification profonde
qui s'éprouve dès le *saint Mathieu*[8], puis avec les quatre *Prison-
niers* de Florence[9] : grâce au travail de la main qui l'a extraite de la
pierre, la « vive figure » vient vers nous mais aussi bien, à peine
extraite, et malgré le travail de la main, dans cette même pierre elle
se ré-engloutit. La présence vers laquelle va celui qui, en lui, est
appelé par elle depuis le cœur de la pierre, ne peut être saisie que
dans l'instant où, à peine affleurant de la pierre et encore par la
pierre voilée, elle se montre près d'y sombrer à nouveau. A jamais
la présence, alors même qu'elle est atteinte, reste le sans-accès, dans
la proximité duquel on ne parvient que difficilement, et où l'on ne
se maintient pas.

Cette certitude, en douleur, a poussé Michel-Ange dans sa
dernière œuvre, la *Pietà* dite Rondanini[10], à ôter sans fin de la
pierre de toujours nouvelles épaisseurs. La pierre, là, ne lui a plus
été seulement ce voile qu'il faut ôter, « excès » qui enveloppe la
figure et fait obstacle à l'accès vers elle. Le mot « excès » basculant
dans sa propre acception, c'est la « vive figure » elle-même qu'il y
éprouve comme « excès » — la pierre, à l'intérieur de toute figure,
se révélant du même coup à son essence de *sub-stance* universelle :
un sans figure et *même*, dont toute figure, comme autre, se
constitue.

Un premier buste du Christ, dégagé du bloc, fut cassé[11] : dans
la figure obtenue, autre chose appelait. La figure alors fut tra-
versée — excédée vers ce qui, aujourd'hui, se donne à voir : tiré du

corps de la Mère et de lui si peu séparé qu'indécidablement il s'en détache ou, aussi bien, s'y réintègre, le corps du Fils reste, par places, pierre brute, non «formée». S'y fait présent, soudain, intrinsèque à la figure et au-delà (ou en deçà) de toute figure, ce qui n'est susceptible d'aucune figuration. Atteint, cela se dresse, porté par l'ultime représentation, au-dessus de la représentation : les jambes du Christ, seule partie «finie» de l'œuvre, ne s'affaissent plus, comme dans les deux précédentes *Pietà*, elles se lèvent, élevant vers la Mère l'*un* dont toute figure reçoit sa possibilité même d'existence : la pierre, qui enveloppait la figure, est aussi, sans visage et sans corps, sans possible «forme», la *sub-stance* dont tout corps et tout visage se font — infigurable présence du *même* enfin présent, atteint à travers la figure issue de lui.

Quand elle en vient à elle-même s'excéder, la figure

«qui plus s'accroît où plus la pierre s'amenuise» —

de plus en plus «vive» finit par montrer en son propre intérieur ce qui l'excède pour qu'elle soit.

« ... DONNER NAISSANCE À UN BAMBOU »
— « PEUT-ÊTRE »

Sou Che écrit splendidement :

> « Quand le bambou commence à croître, il n'est encore qu'une pousse d'un pouce. Et cependant ses nœuds et ses feuilles sont déjà tous présents dans ce jet. Depuis la chrysalide de la cigale jusqu'aux écailles du serpent, jusqu'à ces épées brandies à quatre-vingts pieds de hauteur, la croissance de la plante est en elle à l'état virtuel.
>
> Maintenant les peintres dessinent le bambou joint par joint et ajoutent une feuille à une autre. Comment cela pourrait-il jamais donner naissance à un bambou[1] ? »

La tâche du peintre — du poète, aussi bien — est de, par son geste, « donner naissance à un bambou ». L'énergie que le geste expulse et trace sur la page est celle-là même — universelle — qui donne naissance au végétal et en assure la croissance selon le devenir inscrit dans sa structure virtuelle. Non loin de nous, Dylan Thomas pareillement aura dit :

> « *The force that through the green fuse drives the flower drives my green age.* »
> (*La force qui à travers la tendre tige pousse la fleur pousse mon âge tendre*[2].)

Le bambou, par le geste, vient à la présence. Non représenté : seule la mauvaise peinture — celle qui s'attache minutieusement au détail des choses (joint par joint et feuille ajoutée à feuille) et qui, par ce regard myope et plat se met en position de ne plus (perce)voir la « force » qui « donne naissance » — seule cette peinture-là est *représentation*. Celle qui « donne naissance » est plutôt *figure* : elle se produit comme marque — traçage, chemin — de ce qui surgit de l'énergie (du Vide). En éclaire pour nous l'exigence telle déclaration, peut-être, de Marguerite Duras à propos d'Anne-Marie Stretter dans le film *India Song* :

> « Anne-Marie Stretter appartient à l'ordre mythologique. Elle n'est donc pas représentable. Dans le film, Delphine Seyrig est celle qui a été désignée pour figurer l'impossibilité de la représentation » [3],

— à condition toutefois d'entendre cette « impossibilité » non comme la formule d'une négation, aveu d'impuissance, mais plutôt comme une « désignation » de la *force* qui génère — force du négatif qui fait apparaître et inscrit l'impossible présence d'Anne-Marie Stretter en figure de Delphine Seyrig, ou l'advenue du bambou *lui-même* en figure d'encre, « jet » dans lequel (et par lequel) « tout est présent ».

Traduirai-je trop aventureusement en avançant que ce geste — la *figure* — est ce qui fait la chose « ek-statiquement être-le-là », au sens où la « remémoration » heideggerienne, cet autre geste, suscite le *Da-sein* ?

Du bambou de Sou Che à l'Anne-Marie Stretter de Duras, et au René Char surgi soudain dans la parole de Heidegger au cours du séminaire de Zähringen, se file, me semble-t-il, un fil longtemps ignoré, qui rejoint presque — peut-être — la modernité occidentale au classicisme des Song. On se souvient que, reconstituant la généalogie de *Sein und Zeit* et repartant de Husserl quant à la pensée de l'objet, Heidegger établit d'abord que l'objet, pour Husserl, « est dans la subjectivité, il est *dans* ma conscience. » Dans *Etre et temps*, « au contraire, l'objet a sa place non plus dans la conscience, mais dans le monde ». Alors, pour « expliquer » cette chose « si simple », Heidegger en vient à proposer, en forme de question, un exemple :

> ... « si, me remémorant, je pense à René Char aux Busclats, qu'est-ce qui m'est donné là ? »

La réponse, aussitôt, surgit :

> « C'est René Char lui-même ! Non pas dieu sait quelle
> "image" par laquelle je serais médiatement référé à lui.
> Cela est si simple que c'est extrêmement difficile à faire
> comprendre philosophiquement. Au fond [...] ce n'est encore pas
> du tout compris[4]. »

Et Heidegger de formuler ce fait massif qu'en enfermant dans « le
lieu clos sur lui-même qu'est la conscience » (lieu du subjectif et de
l'immanence où l'expérience se fige en représentation — détour
propice à la pensée conceptuelle, puisqu'il perd la chose) ce qui a
lieu dans un « au-dehors » et ek-statiquement se tient, venant, dans
l'intégrité de la distance qui le suscite en tant qu'acte et mouve-
ment, l'Occident de la philosophie s'est mis en posture de ne plus
pouvoir penser — encore moins faire — ce geste pourtant « si
simple » qui, ajouterai-je, ne put avoir lieu, dans notre histoire,
que selon des procédures devenues avec les temps de plus en plus
suspectes quant aux jugements sous lesquels elles tombaient, et de
plus en plus difficiles à mettre en œuvre de la part de qui — poète,
peintre — était placé dans la situation d'en expérimenter l'impé-
rieuse injonction, en même temps que l'interdit qui les frappait.

En assignant à la pensée le devoir « endurant » de « déplacer » la
« localité du penser »[5], en assumant en pleine connaissance de
cause le risque de voir cette tâche « tenu(e) longtemps pour l'utopie
d'un esprit à demi poétique », et en répétant obstinément que « ce
caractère de la pensée, qu'elle est œuvre de poète, est encore voilé »,
mais que la poésie est celle qui « dit » à l'Etre « le lieu où il se
déploie »[6], Heidegger ne désigne-t-il pas — dans la lancée de son
propre geste — ce que n'a cessé de déployer à notre Orient une
tradition où l'expérience constante fut celle qu'a reparlée en notre
xxe siècle le terme de *Da-sein*, puisqu'elle fut toujours « essentielle-
ment ek-statique », advenant « dans un autre domaine que celui de
la conscience » ? Et même, tant elle l'excède, l'abolissant.

Car la « remémoration » ne fait encore que me « donner »
« René Char lui-même ». Elle ne me permet pas d'*inscrire du même
coup* — geste de la main en accord et coïncidence avec le geste de la

pensée — cette présence quand et selon qu'elle se donne. Or, Sou Che peut tranquillement dire que par le geste le bambou peint naît du « cœur » *comme* la plante naît de la terre. Pour que le geste puisse avoir lieu, il ne faudra pas seulement que la chose ek-statiquement se donne, mais (comme l'écrit Rilke à Lou du cheval russe resurgi dans le sonnet I, 20 des *Sonnets à Orphée*) qu'elle « saute dans le cœur »[7] et qu'elle en re-jaillisse en figure : inscription qui ne pourra naître que d'un double mouvement, rétention et expansion, concentration et déploiement — par lequel le vide se fait au *moi* qui s'oubliant et se perdant (« mourir comme un tel », dira Mallarmé) ne fait plus obstacle à la venue de la chose en présence ni ne cherche à la capturer ; mais le vide se fait aussi aux choses à travers les relations desquelles est aspiré et se déploie celui qui en vit l'expérience « ek-statique » : Kouo Hsi écrit que l'on doit pouvoir circuler entre les montagnes figurées. Ainsi s'avère un double processus qu'indique succinctement Tchang Yen-yuan, théoricien T'ang : « En concentrant son esprit, en laissant sa pensée s'ébattre vers l'infini »... — par ce double mouvement « les choses et le moi sont l'un et l'autre oubliés. On quitte le corps, on rejette le savoir ». Alors ce que produit le vide peut surgir : figure, traçage, chemin. Mi Yeou-yen explicite les conditions et les effets d'une telle naissance :

> « Ma condition dans le monde m'est à moi comme un cheveu dans l'océan, sereine et sans attaches. Souvent, assis dans une chambre paisible, les jambes croisées dans l'attitude monastique, j'oublie tous mes soucis, et je participe, dans mes vagabondages, à l'immensité du vide azuré. »

Toutefois on soulignera ce que précisait au préalable Mi Yeou-yen : que comprendre cela et, mieux encore, parvenir à le faire, non seulement par l'exercice de la pensée, mais par la discipline convenable du corps et l'éducation appropriée du geste, ne se peut que parce que cette pratique ouvre en celui qui s'y adonne « l'œil frontal de sapience » — ce troisième œil que Hölderlin fut réduit à dire « en trop » chez celui, au fondement de notre culture, qui, par la qualité excédante du destin qui lui échut, fut exemplairement projeté, pour notre édification toujours en vigueur, hors du destin «normal» de l'homme d'Occident : autre formulation de l'expérience aveuglée, corrélative à l'enfermement dans la «conscience» que dénonce Heidegger.

Mais Hölderlin, on le sait, ajoutait dans le même souffle : «peut-être»[8]. Par ce seul mot il traversait, douloureusement, les extrêmes limites occidentales et s'avançait, me semble-t-il, à la rencontre de l'espace où loin d'être «en trop», «l'œil frontal» fut figure d'un suprême accomplissement.

Impossible, pourtant.

Car une limite inverse et que je dirai symétrique de celle de Hölderlin — mais vécue sereinement et non avec la terrible violence qui frappe ceux d'Occident — fut éprouvée par les lettrés des Song : celle de l'inachèvement, toujours, de leur effort patient et obstiné. Aux fleurs du moine Houa Kouang, qui d'avoir été peintes au moment où les nuits passées à chanter sous les branches cèdent à l'aube froide, et qui — d'être ainsi venues se donner dans leur être propre à cet instant de mince fracture où le monde se change (où le *yin* s'excède dans le *yang*) — portent de ces circonstances toute la densité perdue, à ces fleurs, pourtant, il manque encore, toujours, quelque chose. Certes, elles sont

> «belles comme ces fleurs que l'on voit lorsque, par un matin clair et froid, on se promène le long des haies dans la montagne solitaire,

mais — malicieusement? désespérément? — le texte ajoute :

> «Il ne leur manque que le parfum.»

Rien que cela. Mais cela : marque de l'impossible. L'impossible est bien ce qui génère la figure, mais du défaut par lequel se produit l'opération subsiste encore quelque chose au terme de l'opération. Qui reste inachevable. Parce que reste incomblable le défaut générateur. Sou Che a beau attribuer cette impuissance qu'il éprouve à une «étude insuffisante», par quoi «le dedans et le dehors ne sont pas accordés», le dedans (le *moi*) ne s'étant pas assez aboli et n'ayant pu pour cela même dissoudre les épaisseurs accumulées entre lui et la *chose* (le dehors) ; il a beau argumenter que l'effort est à poursuivre jusqu'au point où « l'étude », devenue suffisante, mettra en coïncidence la compréhension du « comment il faut procéder » et l'aptitude du corps à procéder selon ce qu'il a compris, il n'en reste pas moins, dans le poème qu'il a écrit pour honorer son maître Wen Tong (Yu Kö — peintre du bambou), qu'après avoir figuré à son tour, avec infiniment plus de grâce que Tchang Yen-yuan et de précision que Mi Yeou-yen, les modalités plus haut évoquées de la « méthode », et avoir étonnamment formulé (cf. le dernier vers cité ci-dessous) l'effet majeur de la figure issue :

> « *Yu Kö, quand il peignait un bambou,*
> *Voyait le bambou et ne se voyait plus lui-même.*
> *Est-ce assez de dire qu'il avait perdu conscience de lui-même ?*
> *Comme en transe, il délaissait son propre corps.*
> *Son corps se transformait, devenait bambou,*
> *Et une fraîcheur inépuisable se créait... »*

— parvenu à ce point, Sou Che doit renvoyer le prodige de cette « fraîcheur inépuisable », et Wen Tong qui en accomplissait l'avènement, à l'impossible du mythe fondateur — Tchouang-tseu, le Sage par antonomase :

> « *De Tchouang-tseu, il n'en est plus en ce monde.* »

Pour Sou Che aussi, comme pour notre très contemporain Marcel Détienne et pour les Grecs classiques dont il parle, la référence mythique ne dirait-elle jamais qu'un temps dont nous sommes irrémédiablement coupés[9] ? J'inclinerais à le penser, à moins que je ne sois trop décidément occidental pour entendre celui qui, pour finir, ajoute, parlant du Yu Kö :

> « *Un tel homme, il n'en est plus aujourd'hui.* »

Ainsi la « fraîcheur inépuisable » reste-t-elle pour le grand poète des Song l'impossible de la nécessaire pratique — ce vers quoi elle ne doit, ne peut, cesser de tendre. Cette venue ek-statique de la présence en présence, il lui manque(ra) toujours quelque chose, elle manque toujours. Pourtant, c'est elle qu'il s'agit sans cesse d'avérer. Parce qu'elle manque. Et qu'aux fleurs de Houa Kouang manque le parfum...

A ainsi éprouver leurs limites respectives et à se ressourcer sans fin de leur propre impossible, pratique de la modernité et pratique des Song en seraient-elles venues, selon un double mouvement rétroactivement perceptible pour *nous*, à la rencontre l'une de l'autre ? Nous trouverions-nous aujourd'hui au croisement — à tout le moins dans l'« entre » — de cette double avancée ? Mallarmé fut placé là, peut-être : il en formula l'expérience dans la pensée de la *transposition* [10].

En butte au réalisme grossier qui s'attache à la « description », laquelle « voile », Mallarmé s'en prend non aux choses, comme trop rapidement on serait tenté de l'entendre ; il salue au contraire « les monuments, la mer, la face humaine, dans leur plénitude, natifs, où ils conserv(e)nt une vertu autrement attrayante que ne les voilera une description » ; mais à leur « réalité », c'est-à-dire à l'effet de représentation qu'il renvoie à l'usage commercial du langage. Ce n'est pas le « bois intrinsèque et dense des arbres » qui peut « s'inclure au papier subtil », mais — « par exemple » (ce peut donc être aussi autre chose) — « l'horreur de la forêt ou le tonnerre muet épars au feuillage ». Ou encore : non pas les pierres elles-mêmes du « palais, le seul habitable », mais (« forme constante », disait Sou Che) « l'architecture ». Telle est, des choses, ce que Mallarmé appelle leur *« qualité »*, — celle « qu'incorporera quelque idée » et qu'il faut « distraire » de leur « réalité ». De même, pour Sou Che, il s'agit de ne pas s'abandonner à la description qui « rend la forme avec beaucoup de détails », mais de parvenir à en faire apparaître le *« principe constant »* (Tchang li), qui « ne peut être distingué que par de grands caractères et des hommes d'un exceptionnel talent. »

« Distraire » alors, selon Mallarmé, n'est-ce pas effectuer le geste qui ne représente pas (image...), mais qui vise à faire venir à la présence ce qui était, et restera peut-être, toujours caché, voilé : l'architecture du palais, seul habitable, l'horreur de la forêt, le tonnerre muet épars au feuillage, la fraîcheur inépuisable du bambou, le parfum de la fleur... — en somme, ce que les choses ont en elles de « principe » énergétique d'où elles sont issues, de « souffles » qui les animent, ce « rien d'inépuisable secret », dit Ungaretti [11], que ne fera que « désigner » la (pourtant) nécessaire entremise d'une « allusion » à leur « réalité » — trace qu'inscrit le pinceau, mots qui meuvent la main, « désignation » de celle qui « figure » l'irreprésentable : geste...

Concernant ce dernier, j'ai dit plus haut qu'il naît, d'un double mouvement, en accord et coïncidence avec le geste de la pensée : main et pensée y sont ensembles mues. De nombreux « apologues », chez les T'ang et les Song, insistent sur le fait qu'il ne peut avoir lieu qu'au terme advenant d'une longue et complexe discipline. Cette discipline n'en provoque pas l'avènement lui-même, elle en prépare les indispensables conditions de possibilité : équilibre souverain, maîtrise technique apte à traduire le « rythme harmonique du souffle », à l'instant où entreront (si elles y entrent) en conjonction les circonstances en réseau favorable. Circonstances non suffisantes, certes, mais nécessaires comme le montrent l'apologue cité des fleurs de Houa Kouang ou le fameux épisode de Wou Tao-tseu et du général Pei [12], mais aussi (pour l'expérience du *Dasein*) la mention des *lieux* où sont situés Heidegger dans sa maison de Zähringen et « René Char aux Busclats ».

Alors, discipline acquise et circonstances se liant, l'événement lui-même, *peut-être*, adviendra : « instant de foudre », dit Mallarmé, « l'instant qu'en éclatera le miracle », « coup de dés », « chance » — et l'on sait dans quelles conditions et circonstances il arrivait à Hölderlin détruit, au-delà de toute « constitution » de son être (en *moi*), d'inscrire d'un seul trait sans rature, à la requête de quelque visiteur, les miraculeux quatrains des saisons.

C'est ainsi, pour désigner encore quelques pratiques extrêmes proches de nous, que doit s'entendre, me semble-t-il, la tranquille, modeste et pourtant provocante déclaration de Reverdy : « *un bon poème sort tout fait* » [13]. (Et s'il ajoute : « *La retouche n'est qu'un heureux accident et, si elle n'est pas merveilleuse, elle risque de tout abîmer* », c'est pour humoristiquement inférer que reste hautement improbable la répétition de la *même* « chance » au même lieu, ou plutôt que grâce à la « retouche » on aura su rétrospectivement que le geste ne fut pas, d'abord, celui de la « chance », et que — par conséquent — le poème n'était pas « bon »...). Ou encore : tel est le sens de plusieurs anecdotes concernant Ungaretti en proie à un irrépressible délire poétique, et l'acte d'avoir écrit son dernier poème dans la nuit du 31 décembre au 1er janvier, pour l'achever au matin de ce jour[14] — dans l'*entre* de transition par quoi la nuit s'excède dans le jour, une année se change dans une autre, et la vie entre dans la mort, comme chez les poètes T'ang la montagne se continue, s'inversant, en vallée, la nuit en jour (le *yang* en *yin*, le *yin* en *yang*)[15] — continuum, devenir et catastrophe — co-appartenance héraclitéenne selon que la parle Heidegger...[16].

Ainsi, venus à la rencontre l'un de l'autre, « *fraîcheur inépuisable* » et « *tonnerre muet épars au feuillage* », tous deux marqués par l'impossible d'un inhérent défaut, s'entendraient-ils — dans le geste improbable de l'instant — par la vertu de « l'œil frontal » que l'Occident ne pensa que trop « en trop »...

De ce côté du monde où nous sommes encore si peu, rendons grâces à Hölderlin d'avoir le premier (pour nous), insinuant avec le doute le pari, ajouté dans un souffle : « *peut-être* »...

« PEUT-ÊTRE ... UNE CONSTELLATION »

(Du *Coup de dés* et un peu au-delà)

Formule, comme magique, dont, ces derniers lustres fut fait surabondant usage,

Rien [...] n'aura eu lieu [...] que le lieu

a fait gloser. A hypnotisé. A fait oublier, peut-être, d'aller regarder autour, ou plutôt : « au-delà ».

Il convient d'en rappeler, dans le poème, la position.

C'est après qu'a eu lieu « l'acte », quand la « phrase capitale dès le titre introduite et continuée », s'est déroulée tout entière, avec « retraits, prolongements, fuites » — après : ... « *le hasard* / Choît la plume » ... Poème achevé on tourne la page : on est alors dans l'*après*, épilogue ou finale. C'est là qu'apparaît, en grands caractères, à l'avant-dernière double face du poème, la phrase nouvelle. Elle y est elle aussi, comme la « phrase capitale », bien que moins longuement, « scandée » et « dispersée » par des propositions — adjacentes ou subordonnées — qui, déployées « l'instant de paraître et que dure leur concours », « cesse(nt) » aussitôt et « rentre(nt) », « acceptant la succession d'autres », selon les « subdivisions prismatiques de l'Idée ». Mais surtout, inachevée au terme de cette double face, il faut — encore une fois — tourner la page pour, accédant à la dernière double face, l'y voir achever de se dérouler — construite de la même façon que la précédente, à ceci près, qui est capital, que celle-là, qui figurait le *lieu*, n'était écrite que dans sa

moitié inférieure, le haut — le «ciel» — restant blanc tandis que
celle-ci — la dernière — est inscrite depuis le haut jusqu'en bas,
inférant qu'elle est inscription «sidérale», en cet envers du ciel où
«l'homme poursuit noir sur blanc».

Ecrite dans les mêmes grands caractères, pareillement
«scandée et dispersée», en trois segments homologues de «Rien
[...] n'aura eu lieu [...] que le lieu», elle se poursuit par :

> *excepté [...] peut-être [...] une constellation.*

Autre chose donc, essentiellement *autre* que le lieu, aura eu lieu.
Peut-être. Non comme lieu, en tant qu'elle — *constellation* — serait
le lieu, ou *dans* le lieu. Ni même *un* autre, ou *dans* un autre.
Puisque, *si* elle a eu lieu, c'est sur le mode de l'exception : son avoir
eu lieu, à supposer qu'il ait bien eu lieu, l'excepte de tout lieu. Du
seul lieu. Si elle a eu lieu, ce ne peut-être qu'en tant qu'autre que *le*
lieu. C'est pourquoi elle apparaît «à l'altitude», et non comme se
donnait le lieu : «inférieur clapotis quelconque comme pour
disperser l'acte vide / abruptement qui sinon / par son mensonge /
eût fondé / la perdition». C'est pourquoi, plus précisément, elle
advient à la limite excédée, s'excédant plutôt, de toute possible
pensée du lieu — à ce point où «un endroit» cesse d'être cet endroit
et, à la fois, se faisant autre s'excède en autre chose, irréductible à
toute pensée d'un lieu, et — du même coup — «fusionne» avec cet
essentiellement autre.

En outre, elle apparaît

> «froide d'oubli et de désuétude»

mais, néanmoins,

> «énumère...
> le heurt successif
> sidéralement
> d'un compte total en formation».

Entendons qu'elle est signe — qui montre —, en acte, un cosmos en
voie de se constituer : en cela aussi, irréductible à «l'acte vide».

Telle est l'ambivalence du coup de dés : à la fois «acte vide»,
aussitôt, pour la sauvegarde de la pratique poétique, «dispersé»,
annulé dans et par cela même qui s'avère de son propre avènement
et hyperboliquement générateur, même si ce n'est que sur le mode
hypothétique, d'un cosmos dans la plénitude de ses acceptions
originaires : ordre, splendeur et ornement. Ce cosmos n'est pas,
toutefois, comme les cosmos anciens — grec, ou dantesque — là,
posé. Il n'est pas non plus cette moderne idée, nostalgique, d'un
ordre révolu — perdu. Puisque : toute nostalgie effacée, il
n'advient que par «oubli», qui le plonge en «désuétude». Mais,
par la pensée qui «émet un Coup de Dés» — par la pratique
poétique — il est essentiellement «en formation». Indécidable-
ment obsolète et à-venir. Re-venant.

Ainsi aura été formulée une *pensée* que, presqu'un siècle après
qu'elle fut proférée, nous pouvons peut-être commencer à entendre :
le Poétique est acte qui, s'effectuant, rencontre ce qui, «toujours
caché de toute chose», reste sans autre vérification que son propre
avènement : «il hurle ses démonstrations par la pratique»,
«énoncer signifie (le) produire», et il est à lui-même sa propre
preuve — que

«Toute pensée émet un coup de dés.»

Entendons — pensée des plus terribles qui soient — que toute
pensée, étant acte, est de l'ordre de ce qui — «chance» — *se* joue, et
que tout acte qui se joue rencontre infailliblement sa propre limite,
à laquelle il se heurte. S'y heurtant, il y meurt ou, l'excédant, s'y
excède. Or : quelque chose, «peut-être» (aléatoire, donc), advient
là, précisément, où advient cet excès : «Un endroit (y) fusionne
avec   au-delà.»   Mallarmé   a   appelé   ailleurs   cet   advenir
«hyperbole». Ici : «Constellation» — «peut-être».

Il convient, à ce point, de répéter que l'acte poétique, en lui-
même, n'est rien : «vide». Il n'avère qu'un lieu médiocre, «infé-
rieur clapotis quelconque» — à l'égard duquel s'affirme aussitôt
un salutaire dédain. Du même coup, pourtant, où par sa propre
effectuation il fait la preuve de sa propre vanité, il produit, en

« hyperbole », à la limite excédante de lui-même, ce que nous ne savons pas, mais dont Mallarmé parie que c'est — ce sera, « peut-être » — l'avènement d'un cosmos. D'où s'induit — « tiers aspect fluide et clair présenté à la divination » — que le poétique est cet acte qui a lieu *aussi* là où

> « un endroit fusionne avec au-delà »

— au point, dira Rilke, où ne cesse de se tenir, « né des deux empires », Orphée : point du seuil, ou de l'interstice.

Ainsi l'acte qui a (eu) lieu se tient et per-siste dans (sur) la ligne de fracture qu'il a avérée — rupture du continu ou « césure » que Hölderlin définissait comme « suspension anti-rythmique », et qui sépare-et-joint ceci et cela, ici et là : en l'occurrence, « le lieu, pauvre lieu », et la « constellation » encore en formation, cosmos-à-venir. Selon la caractérisation du temps historial que quelques poètes furent les seuls à savoir, « temps de la détresse » pour Hölderlin, temps, pour Mallarmé où

> « non, un présent n'existe pas... Faute que se déclare la Foule, faute — de Tout. Mal informé celui qui se crierait son propre contemporain, désertant, usurpant, avec impudence égale, quand du passé cessa et que tarde un futur ou que les deux se remmêlent perplexement en vue de masquer l'écart ».

Temps de l'entre-deux — que Heidegger, lisant Hölderlin, devait qualifier à son tour :

> « C'est le temps de la détresse, parce que ce temps est marqué d'un double manque et d'une double négation : le "ne plus" des dieux enfuis et le "pas encore" du dieu qui va venir »,

il n'aura été, aux « rares à devenir poètes », nul besoin d'attendre qu'il fût comme magiquement, ou par l'œuvre d'on ne sait qui, révolu, pour que ceux-là mêmes qui, les premiers, l'avait identifié et nommé, se soient trouvés dans la position d'y opérer de telle sorte que, par leur acte, ce temps fût, à chaque fois, franchi. Loin de toute mythologie mystificatrice, le geste le plus simple : marcher, pas et souffle — qui introduisit Dante à la pratique poétique la plus accomplie qui fut jamais —, a pu s'avérer l'acte par lequel ne cesse de s'éprouver que

Cela
est proche

puisque
la substance en moi qui souffle
est

la même
que

l'autre des lointains.

Objecterait-on que les lointains ici surgis ne sont pas aussi lointains que la mallarméenne constellation, on n'aurait pas perçu ce qui, de Mallarmé à du Bouchet, s'est déplacé dans l'ordre de notre être-au-monde, par qui s'est donné à vivre que tout lointain — voire « constellation » — ne reste « au-delà », et « froid ... d'oubli et de désuétude » qu'à ne pas être encore parvenu, qui y est livré, à y *consentir* autrement que sur le mode de l'exception, c'est-à-dire encore avec le « ressentiment » qui, depuis le fondement métaphysique, n'a cessé d'en barrer, toujours plus gravement, l'accès au point d'en être venu à en instaurer l'oubli. Mais qu'il se fait « proche » — en venant à « se tenir dans la présence de son paraître » — dès lors que « le souffle » qui traverse — « en moi » comme au plus lointain — se fait l'expérience, sans autre possible preuve qu'elle-même, que la « substance » est toujours, à travers ses multiples configurations, « la même » — ce *même* qui revient dans l'Ouvert que l'avancée ouvre devant soi, à chaque pas ouvrant en son propre intérieur ce dans quoi s'avance le pas. Cette pensée ne rassure pas : elle est l'issue indéfiniment s'ouvrant et nous ouvrant à l'écoute de la parole, en pratique s'effectuant, selon laquelle c'est « poétiquement que l'homme habite sur la terre ». Avènement de la parole. Abouchement au Réel.

QUATRIÈME PARTIE

« PAROLE DÉBORDÉE »
Lire André du Bouchet

> « *mais la parole débordée n'est plus un moyen.*   *on peut l'appeler*
> *poésie.*   *ou encore :*   *rien.* »

André DU BOUCHET

« MOTS/EN AVANT DE MOI »

— Je sens la peau de l'air, et pourtant nous demeurons séparés

L'expérience — primordiale, rudimentaire : être là, dans l'air, les pieds sur la terre. Sans besoin d'aucun « point sublime », notre être-là d'étants-là fait *aussi* l'expérience de la résolution des contraires qui, « pourtant » — dans l'acte de se résoudre, d'échanger leur être propre : l'air acquiert une « peau » —, restent ce qu'ils sont. Le poétique ouvre les yeux — et le reste — sur... le reste : immanence absolue de l'expérience que chacun à chaque instant vit, que tous — ou presque — ignorent : elle oblige à penser ce qui ne se pense pas, ce qui ne peut pas se penser, et notamment : que ce qui est perçu contradictoirement est encore *le même,* et néanmoins reste l'autre irréductible dans l'acte encore où l'autre se fait le même.

Poésie rare de creuser la banale expérience — la relation aux choses :

— J'oublie les mots que je traverse / quand je les inscris

Inscrire. Ce n'advient pas toujours. Aléatoire, cela *peut* advenir. Mais, si cela advient, il *faut* encore inscrire. Et savoir : qu'inscrire les mots c'est les traverser. On ne s'y fixe pas, et ils ne fixent pas. Sauf comme leurre, à quoi l'on peut trouver son compte. On les traverse en les inscrivant. Or : les traverser, c'est les oublier : aller vers d'autres. Ecrire est toujours en avant — virtuel, potentiel.

Mais l'écrit ? — reste mort ? Les mots, la phrase, l'écrit — la lettre, cela est-il la poésie ? La poésie serait ce qui ne s'écrit pas, mais que l'écrit révèle : écriture énergétique. Mais comme en laboratoire les lignes que trace l'énergie ne sont pas l'énergie, n'en sont que la trace, la figure captée depuis et par le lieu du symbolique, le nôtre —, de même l'écrit n'est pas, d'être écrit, l'énergie. Il n'en est, au mieux, que la figure, elle-même non énergétique : « neutralité prosodique », car :

— *le blanc [...] c'est le corps du mot : une phrase s'y articule*

Où s'implique : que le mot n'est pas le corps, mais le *signe* du corps, n'est pas l'énergie, mais la figure de l'énergie : « Nous vivons par figures », par l'autre de ce qui est, et consécutivement par le signe — symbolique — qui vient se placer à la place de ce qui, sans lui, n'a pas de place. L'énergie, c'est le corps : le « blanc ». Le corps n'a pas — n'est pas — figure. Le mot lui en donne une, le remplace, le barre : blanc. En même temps, le corps, sans figure est *lieu :* « y ». Mais non pas lieu de la figure : le lieu de la figure est le mot, figurant le blanc — n'étant pas le blanc. Figurant l'énergie, elle non figurable : figurable par l'autre — le blanc. Le corps (le blanc) est le lieu de l'énergie — du blanc :   *« il* (le blanc) *découvre l'espace   où sur les mots de la phrase, quand elle s'articule, et mot pour mot, de mot en mot, une poussée, une traction — qui le dispersera ensuite — s'exerce... il transparaît comme la ponctuation de ce qui, dans l'instant même où elle s'énonce, fait violence à la parole, la dépossède du mouvement machinal qui finit par être le sien ».* — « Poussée », « traction », « ponctuation », « dans l'instant même », « violence », « dépossession », — autant de termes visant l'inexprimable, — l'énergie, qui n'est pas la parole, mais ce dont la parole est l'autre et dont la parole rend compte comme de son autre irréductible, sinon elle finit par (faire) croire qu'elle a fait sien le mouvement, — mais alors ce n'est plus lui, il est devenu « machinal », mimé par une phrase qui, parasitaire, « s'y articule » : singerie, prosodie. D'où la nécessité de la « neutralité prosodique », de la parole nue qui ne pourra pas laisser croire qu'elle a piégé le blanc — la violence, le corps. D'où la nécessité de certaine(s) position(s) :

— *Je parle sur le déplacement. Et la table, sur le déplacement*

Il apparaît d'abord que le déplacement est le fait de la table : la table n'est pas stable. Elle est une mouvance qui... a lieu sur une mouvance. Un glissement sur un glissement : vitesses relatives, de la parole écrite sur la page, de la page sur la table, de la table — et de la terre — dans l'air, de l'air dans l'air et au-delà de l'air : mouvement généralisé, de déplacements s'effectuant sur des déplacements, s'effectuant eux-mêmes sur des déplacements. Poésie cosmique d'être liée. Poésie mouvante d'être fixée — « amarrée ». Et de la liaison — fixation, mais relation — se constitue l'échange et la mutuelle transformation. De :

> La grosse corde des jours de campagne
> m'a lié

on passe à :

> La terre basse, qui parle à voix basse, me change en terre,

ou à :

> Le jour
> dont la main
> me serre
>
> Je respire à sa place.

Mouvement — échange, impliquant qu'un « pas de côté » s'effectue, qui met en mouvement le fixe, qui reste fixe ; ... qui dynamise le lié, qui reste lié ; ... qui joint dans la séparation :

— *Pour rejoindre, j'ai séparé. A côté, je ne suis pas séparé*

Que la répétition fasse différence, cela ne va pas sans une
nécessité grave :

> jour
> sur jour, je
> reconnais, dans la répétition productrice d'une épaisseur
> où mon pas ne se différencie pas
> de l'autre
> quand ils se succèdent
> la parole que sans disparaître je ne prononcerais
> pas,

La différence n'est pas de l'acte *(« mon pas »)*, qui reste le
même dans la répétition, elle n'est pas de l'avènement des événe-
ments récurrents *(« jour/sur jour »)*, mais de ce déplacement que la
répétition du même produit comme *« épaisseur »* : déplacements —
vitesse, mouvements : le statique, qui glisse, se dynamise sans
cesser d'être statique. Statique et dynamique cessent d'être contra-
dictoires. Co-présents, relatifs : approche alors du suprême péril.
Car le même se succédant à lui-même, ce rythme, ces saccades, ces
pulsions, ces retours le perdent en l'avérant multiplement, et
produisent dans les antres de l'épaisseur qui s'accumule, le surgis-
sement d'une parole impossible, imprononçable : son avènement
met en jeu sa propre possibilité d'avènement. Il en va toujours de la
mort — foudroiement, éclat — dans l'approche rythmique du même
à travers le même, car il en va de la perte du même :

> Dans le jour
> l'éclat du jour.

Il faut alors :

> Préserver pour perdre en bloc.

Mais toujours :

> Demeure le bloc. Bloc perdu.
> Bloc, un jour, soustrait à ses yeux.

— *Je ne vois presque rien*

Plus de fable. Ni sa ruine, comme chez Mallarmé *(Hérodiade)*, ni même sa trace sans cesse effacée, comme chez Ungaretti *(La Terre promise)* ou Celan *(Matière de Bretagne)* ; ni non plus le recommencement d'un impossible travail fabulateur, comme chez Bonnefoy. Seul le contact, « effervescent » disait Reverdy, avec la « réalité ». Non plus la fable, mais la figure — « à la place » de l'impossible « chose ». Figure non énergétique, mais figurant l'énergie : la répétition, le même qui ne se fait pas autre, mais déplacé suscite dans le déplacement son autre : le rien. *« Presque »* rien. Quelque chose, donc. Peu. Mais ce peu surabonde. Car c'est tout ce que nous pouvons supporter, ce « degré du terrible »... A condition, toutefois, de faire le « pas de côté ». Non que la capacité de connaître, par on ne sait quelle malédiction, se soit émoussée, ou perdue. Mais elle se sait désormais capable de trop de savoir pour ne pas se connaître insuffisante : devenu trop proche, ce qui est à connaître s'est fait meurtrier. Parce que plus violente, la connaissance se sait devenue infime — et infirme :

> *Je ne comprends pas les mots de l'arbre.*

C'est dire, quand même, que l'arbre profère des mots. Même si « Je » ne les comprends pas. Ainsi se formule une réponse à la question cent cinquante ans auparavant proférée : « Pourquoi des poètes au temps de la détresse ? » » — Pour qu'il soit su que dans ce temps, ce qui est à savoir s'est fait tel *(« Tout existe si fort »)* qu'il n'y a plus la possibilité, sans disparaître, de savoir ce que ça dit : *« Si tu t'appuies, tu t'enflammes. »* Mais on sait que *ça* dit. Qui parle ? A cette question, titre d'un poème, il est répondu : *« Je reconnais ma voix »*, au terme d'une recherche où *« Je »* ne se reconnaît pas comme *« moi »*, mais comme issu d'une relation, ou « amarre », à certains « êtres raboteux ». D'où « Je » se constitue comme effet(s) de cette liaison et devient ce qui, par elle constitué, « obéit » à ces êtres qui l'ont constitué comme possibilité de connaissance de cela : *« J'obéis à leurs énormes paroles. »* Ainsi

« Je », figure poétique, n'est pas consumé par le jeu mortel dès lors qu'il accepte — telle est ici la modalité du « pas de côté » — d'être obéissance : non à un ordre culturel, mais à la nature physique, qui est énergie mortelle :

> Terre
> *parlant avec la première énergie — la blancheur du chemin.*
> ....
> *A travers les débris bleus épars des vêtements du voisin foudroyé qu'on emporte après l'avoir rhabillé, transparaît la terre froide qui contient la foudre.*

Il faut donc une pratique du suprême péril, et une connaissance active des ressources — dangers et atouts — des mots par quoi s'effectue le « pas » :

— *J'écris aussi loin que possible de moi*

Moi — la figure symbolique, le leurre, le piège, l'enfermement dans l'unité identitaire —, qui se prend pour « je » quand il n'en est que la représentation... — s'en tenir à l'écart. Le plus loin possible : le pas de côté doit se faire grand écart. Pour cela, l'écriture doit être « en avant » : les mots — qui, sinon, construisent le Moi — doivent être lancés :

> *Mots*
> *en avant de moi,*
> *la blancheur de l'inconnu*
> *où*
> *je les place*
> *est*
>
> *amicale.*

Comme à Cerbère on jette un gâteau de miel   , on jette les mots à la face de l'inconnu — du blanc. Il y ménagent un lieu (*« où »*) : l'énergie mortelle, la foudre, s'y fait « amicale ». Mais en même temps, ces mots-là, se garder d'en rester prisonnier : pour qu'ils ne (re)construisent pas la tunique de Nessus du Moi, pour que ce lieu ne se fasse pas la prison du Moi dans son avancée, les pulvériser, les réduire et les rendre à l'espace physique, — à l'energie :

— *Les mots en poussière seront rendus à ce qui scintille*

Ainsi lancés pulvérisés, en un «*aboutissement qui n'a de cesse*», les mots-particules se font ce qui révèle — sans l'être — l'énergie qui meurt et naît. Qui scintille.

Poésie exposée, avec la même intensité et la même violence, à la fois au foudroiement de l'instant et à l'usure de la durée, à l'impatience et à la patience, qui ne sont pas de «je», mais de la relation, de l'entre-deux, de «l'abîme de personalité» ;

— ... *sur la cassure de la halte, qui n'est pas une interruption*

Car : pris dans le devenir rythmique, dans la morphogenèse s'effectuant incessamment dans les «cassures» pulsionnelles du rythme, dans la relance incessante, ce qui se forme se traverse, s'excède, et se poursuit : cassure et flux sont solidaires, qui ôtent toute pensée du lieu, et laissent le praticien du poétique sans lieu, sans sol :

J'aime
la hauteur qu'en te parlant
j'ai prise
sans avoir
pied.

Le déplacement, le mouvement — seule stabilité — a de merveilleuses implications :

— *La figure emportée ayant centre où se dissipe sa trace*

Chaque terme, ici, excède chaque terme. Ils se traversent.

La figure n'est pas là, posée : immobile, visible. Elle est emportée : mouvement, vitesse. Disparition. Se fait invisible. Devenir.

Et pourtant ce devenir (le mouvant, le véloce, le disparaissant) peut se penser encore comme «ayant centre». Ce sera donc un centre mouvant, véloce, en disparition, «emporté» — avec la figure.

Centre en disparition : centre de disparition. De disparition de lui-même et de la figure — et aussi de sa «trace».

Ainsi le centre sera-t-il ce (non) lieu mouvant, déplacé, en décentrement, en disparition, où *tout* se dissipe, se perd : tout, c'est-à-dire la figure et sa trace et le centre : lieu d'un rien mouvant, atopie :

— *(source sans commencement, parce qu'elle/est au milieu de la route...*

« ... UNE GLOSE OBSCURCIT OU ÉCLAIRE »

Parvenir à tracer — parcourir — un cheminement sinueux (brisé, relancé — scandé), et qui tende vers ce qu'à défaut d'un autre terme j'appellerai des effets de musique. Mais la musique, elle, ne sera jamais là. Ce serait prétention, « esthétiquement une erreur... », s'il est vrai que la musique de l'écrire, quand elle s'avère, n'est pas cet art constitué appelé musique, ni la matérialité du langage organisé par le style à l'imitation du dit art constitué : ce n'est pas un objet ; plutôt un lieu — intensif — qui s'ouvre : un *où* (ou un *quand*)... C'est — ce serait — *où l'écrit* « (s')*élargi*(t) *vers l'obscur* », dit Mallarmé pour définir *« quelque chose comme les Lettres »* ; ce serait *quand* s'ouvre *« la plaie qui brille où la phrase s'efface »,* dit Char — ce point, traduit Baudrillard, *« où les mots perdent leur sens aux limites du texte ».*

Je parlerai d'un certain écrire.

Cela relève-t-il d'un projet ? Auquel cas cela se réglerait, se maîtriserait — et s'achèverait. Question de style : le « grand ». La maîtrise — grand style — est l'un des mythes d'Occident : que rien n'échappe, volonté que fonde une phobie. Inscrire et inciser pour être maître du départ, du parcours, de l'arrivée. Maître du projet, de l'effectuation, de la finalité. Il en fut ainsi : la poétique et la rhétorique, leur histoire conjuguée est l'inscription de cette histoire de phobie et de volonté. Cela fut : *« Arma virumque cano »* — je célèbre, et je sais quoi, et comment, et pourquoi.

Mais écrire, « pour nous », désormais, que nous écrivions ou lisions, cela se joue, plutôt, dans la rencontre — comme relation, voire coupée..., comme donne, au sens des jeux de cartes, et comme donnée : ce qui a lieu, aléatoire, et qui pourrait — aurait pu — aussi bien ne pas avoir lieu... mais qui, dès qu'advenu, se fait nécessité. Et dès lors, entre dans un devenir.

Suivre ce devenir.

Et d'abord : cela, dans son avènement, son commencement différé, relève de la rencontre. C'est-à-dire de l'aléa — du hasard : dans le connu peut advenir une faille, ou déchirure, une ouverture sur ce qui n'est pas ce connu : « *Pour que la pensée se fasse acte, il faut qu'il y ait arrêt — d'abord* » dit Claude Royet-Journoud. Cela relève donc aussi de l'entre (s'il s'avère) ; et encore : de l'avènement de l'événement. En somme, de la « chance » et de ce qui s'implique dans la « pensée » de la chance.

Quant à savoir selon quelle relation à la chance — en quel lieu — advient l'acte d'écrire, les réponses divergent. Mais ne s'excluent pas — ne se composent pas non plus... plutôt restent co-présentes (ou co-disparaissantes). On peut en rappeler certaines, que l'histoire récente avéra : écrire advient, disent certains, dans l'après-coup (de la chance) si (quand) elle a (eu) lieu — comme rétrodiction, résultat, retombée de l'ébranlement, en place de... Pour d'autres, dans l'avant, comme recherche : « *écrire est rechercher la chance* » — d'où le caractère de « méthode », de « méditation », de discipline et d'introduction sans fin des écrits majeurs de Bataille. D'autres encore — les « poètes » — ont fait ce rêve (fou) qu'écrire advient dans l'avènement lui-même de l'acte avérant le lieu, non sans savoir que la connaissance pressentie n'en parvient qu'après (« *Rien* [...] *n'aura eu lieu* [...] *que le lieu* »), mais malgré ce retard, toujours, de l'écrire (l'écrire différé), c'est dans l'entre lui-même, « *instant de foudre* » — « *l'instant qu'en éclatera le miracle* » — qu'hyperboliquement écrire adviendrait. D'autres encore, dans une relation qui n'est plus à l'instant — au réel, mais — cette relation apparaissant toujours déjà coupée — à la fiction : selon une « mimétique parodique » impliquant qu'écrire n'advient plus, comme dans les cas précédents, « à côté — dedans », mais dans un (des) « à côté-dehors »...

Si écrire a tout à voir avec la rencontre et ses effets disjonctifs, il convient de réinterroger la rencontre : rappeler qu'elle est toujours de deux, au moins — entre deux. Où je nomme trois termes, l'un, l'autre, l'entre. Ou plutôt : une relation à trois termes (au moins), solidaires et interférant, donc transformables et déplaçables l'un par l'autre. La question est de ces termes et de leurs relations. Peut-on dire que la rencontre, non en modèle théorique abstrait, même minimal, mais comme expérience, est toujours de « Je » (« *que je sois l'inconnu n'y change rien* ») et de ce qui se donne toujours comme « autre » ? Cependant, dans l'acte (l'entre), « Je » — lui aussi — se fait autre. Et l'autre... encore autre ? S'implique ici que la rencontre est génératrice d'effets sans fin, qui affectent —qui changent — les deux mis en jeu dans l'entre de leur relation disjonctive — de contact et de rupture, où s'avère un hétérogène. Mais ces effets changent aussi la relation elle-même — l'entre —, sa configuration, en changeant sa place : l'entre entre en déplacement, en espacement : *« Je parle sur le déplacement. Et la table sur le déplacement. »* Un démarrage généralisé a lieu, qui peut être générateur d'angoisse, ou de fascination, ou de rire, de jeu, de... etc... selon, non pas, au premier chef, l'imaginaire de chacun, mais selon la circonstance et la situation où, dans la rencontre, se branche chaque imaginaire... Dès lors, l'écrire dont je parle advient — comme expérience — de l'écoute, de la possibilité d'écoute, des effets multipliants, transformateurs, transmutateurs, affectant tous les termes que met en jeu l'entre mouvant de la rencontre. Et notamment des effets de dé-constitution, de dé-possession, de pluralisation, de dissémination et de sortie (du connu et/ou de soi) : *« Je est un autre »* dit l'un à qui l'autre répond par *« la mort comme un tel »*. Et plus tard Bonnefoy : *« La poésie qui est la ruine des médiations enseignées... »*

(Question annexe — capitale : si la rencontre, dans (de) l'écrire, est d'un « je » menacé dans ce qu'il croit être son intégrité et d'un autre, l'autre — menacé lui aussi — peut encore être je. Alors, écrire, sera-ce *s'* écrire ? Je dirai plutôt : ce sera — encore — écrire les effets — les avènements — de la même relation disjonctive (de cette « faille entre ») — en l'occurrence du sujet se découvrant non seulement clivé, double, mais plusieurs. En réponse à l'enquête surréaliste « Quelle a été la rencontre la plus importante de votre vie ? », Reverdy répond :

> « *La seule, capitale et trop évidemment nécessaire, dont l'importance s'aggrave au fur et à mesure de sa persistance dans le temps — celle que j'ai cru faire de moi-même, avec qui je n'en aurai fini jamais.* »

— où l'on peut exemplairement voir qu'écrire relève bien des effets de rencontre. Que cette rencontre relève de la nécessité — qui lui confère une gravité — une lourdeur — qui se marque par sa persistance. Et par des effets problématiques — on ne peut l'écarter, l'ôter de là — et ouverts (on « croit » faire la rencontre de soi, on n'en est pas sûr : cela fait question (s)), mais aussi — par là-même — incessants : ce n'est pas une question de réponse (à donner), c'est une question de... questions, qui se posent, sans fin et sans solution...).

C'est pourquoi — pour reprendre le « *fil distendu* » je dirai que quels que soient les deux qui se jouent, se changent, démarrés, écrire sera toujours ce sans fin qui se joue dans (de) ces effets de rencontre qui ne cessent de faire affluer les questions (Ou : dans l'entre multipliant ne cesse de proliférer ce qui — sans réponse — fait question : touchant Je, touchant l'autre, touchant l'entre).

Par exemple (je choisis un exemple de rencontre banale — exemple d'expérience « primordiale, rudimentaire, [...] que chacun à chaque instant vit, que tous — ou presque — ignorent » et qui, par cette « immanence absolue » qui la caractérise, « oblige à penser ce qui ne se pense pas »...) :

> *...Que faire*
> *de cette montagne*
> *que l'oubli,*
> *d'un coup de paupière,*
> *oblitère :*
>
> *elle est là.*

— où j'observe d'abord que rencontrer la montagne, cela n'arrive pas qu'à Mahomet ou à Moïse : c'est pour tous qu'elle est là —

« banalité inexpugnable ». Pourtant, *dans* la rencontre, aussi bien elle n'est plus là. Pour le sujet : il suffit d'un « coup de paupière », presque rien, pour l'« oblitérer » et pour en instaurer « l'oubli ». Or, même alors, même sujette à l'oubli, à la merci d'un clin d'œil, de ce presque rien à quoi tient la rencontre, « elle est là ». Encore. Ce clin d'œil questionne à la fois — sans réponse — Je et la montagne : Je se révèle ce sujet qui est... sujet à l'oubli parce qu'il est sujet à des automatismes physiques. Quant à la montagne on n'en sait rien, sinon qu'une, elle est deux — se fait deux, se change, et pourtant (r)est(e) la même. Et qu'« elle est là », ce qui veut dire aussi qu'elle n'est pas *ici* — entendons : dans l'acte d'écrire « elle est là » se dit *aussi* la constatation qu'au lieu où cela s'écrit — sur la page, dans la main, dans la voix : ici — *elle n'est pas*. Elle est *à côté, « là »* : expérience des bords, et de ce qui reste au-delà — écrire dans la rencontre, c'est expérimenter l'ouverture de ces à-côté, hiatus, failles, revers, où la relation à la montagne est et reste mystère...

Car à chaque question que peut faire surgir l'entre de la relation, c'est la relation elle-même qui se déplace — à côté, ailleurs : toujours se creuse, déplacé, différé, changé, autre, multiplié, l'hiatus — faille, revers, bord — incomblable. Qui peut se vivre — pour qui le vit — comme insupportable, ou comme égarant, ou fascinant, ou jubilatoire, ou... : les possibles, ici, s'inachèvent — ne cessent de s'écrire. Mais ce sont eux qui témoignent, par leur prolifération et par leur possibilité d'avènement, que c'est bien de l'écart (de la scansion, de l'articulation) d'où ils surgissent, qu'ils tiennent la chance de s'écrire.

Quelle que soit la finalité, sue ou non, avouée ou censurée, proclamée ou tue, le fait est que c'est *cela* qui fait que ça s'écrit — et que c'est *ça* qui s'écrit. *Ça :* cet effet — ces effets, multipliants, des déplacements de l'entre, des écarts, des bords :

A côté, c'est à dire,

— où l'on n'observera pas seulement que c'est parce que c'est à côté que c'est à dire (sinon — si c'était ça, et là — ce ne serait pas à dire, ce serait — et se ferait) — mais surtout que d'une rupture résulte une ouverture et un glissement, un déplacement latéral dans l'ouvert : effet de scansion, sur une articulation.

Ecrire, ici, est chaque fois unique, la relation (l'articulation) se faisant toujours autre.

Et pourtant, répétitif : c'est la même expérience, mais autre (puisqu'à côté, ailleurs, déplacée...).

Expérience de l'hétérogène — du tout autre presque même. Se faisant. (Du presque rien à quoi tient la différence — et qui produit des effets, sans fin...)

Cet hétérogène relance les questions. Notamment : ça s'écrit — qu'est-ce à dire, sinon : se traduit — en mots :

> *Tout devient mots*
> *terre*
> *cailloux*
>
> *dans ma bouche et sous mes pas*

— une contradiction, nouvelle disjonction, se produit, un nouvel incomblable s'ouvre : ce fait que l'acte par lequel j'inscris le devenir mots des choses est aussi l'acte par lequel je les perds dans le moment (et le mouvement) même où, par les mots, je les rejoins : ainsi « *tout devient mots* » se traduit aussi par : les mots suppriment — tout au moins : écartent, rendent invisible — ce qu'ils disent, et par : tout reste à côté des mots. Implication dont Mallarmé minimisa peut-être les conséquences, car s'il perçut — le premier — la disparition opérée par ce devenir mots (« Abolie, la prétention, esthétiquement une erreur [...] d'inclure au papier subtil du volume [...] le bois intrinsèque des arbres » ou une « pierre, sur quoi les pages se refermeraient mal »), il y vit l'occasion et la « condition » de « transposer un fait de nature en sa presque disparition vibratoire selon le jeu de la parole... », conférant à la musique — cet effet « vibratoire » de la disparition de la chose — la puissance de faire apparaître la « notion pure » de cette chose disparue : « Une fleur ! [...] l'absente de tout bouquet. » Cependant, à propos de certaines propositions de Mallarmé, telle que : « libérer, hors d'une poignée de poussière ou réalité sans l'enclore, au livre, même comme texte, la dispersion volatile soit l'esprit, qui n'a que faire de rien outre la musicalité de tout » — ou, plus décisivement : « Parler n'a trait à la réalité des choses que commercialement : en littérature, cela se contente d'y faire une allusion et de distraire leur qualité qu'incorporera quelque idée.

A cette condition s'élance le chant, qu'une joie allégée », — certains, plus récemment, ont pu penser que c'était là un peu légèrement laisser « la réalité des choses » aux commerçants, et aussi faire un peu trop vite confiance à la possibilité d'émergence du chant, que de la fonder comme un effet certain et inéluctable sur cette seule fatalité de la « disparition » de la chose dans le « devenir mots ».

Car autre chose que la seule « transposition » mallarméenne advient dans cette disparition : ce qui disparaît dans le texte, comme texte, n'en continue pas moins, à côté, en écart, en disjonction. Simplement — l'invisible étant « du visible caché par du visible » — cela s'est fait invisible, ayant été déplacé, écarté :

> « … au revers de ce qu'une phrase configure, face — ou phrase, notre visage aux yeux ouverts que nous ne voyons pas ».

La musique mallarméenne sert (aussi) à ne pas voir ce qui reste en ce qu'elle a exclu — d'où elle s'est exclue — et qui est devenu son envers ou son revers, à côté…

Alors peut naître une tentation : si l'acte d'écrire est l'expérimentation que l'être — « quelque chose » — se perd en se déléguant aux mots écrits, ou dans la musique qui se dégagerait, « vibratoire », de sa « transposition » en mots — alors que dans la voix cela se donnait : *« Parler respire »* — la tentation, délire, folie, humour ?, pourra être celle-ci : déléguer cela, le corps, la voix, qui se perd, à cela même où ça se perd — au papier :

Papier respire pour moi,

— c'est-à-dire : confier ce qui se perd, la voix, la respiration, le corps (l'être, la chose) à l'espace, au lieu, où seul (dans l'écrit) il aura (eu) lieu, c'est-à-dire où il se sera perdu. Cela revient à

conférer au papier une vertu magique : celle de nous rendre tout-
présent ce que les mots écrits ont fait disparaître en ne le donnant
plus qu'en figure (évidée). Rêve fou que le papier se fasse corps —
et rende la voix, la respiration, aux mots écrits qui les ont perdus.
Rêve sage que l'écrit, désacralisé, ne soit plus, enfin, cette *« Bible,
comme le simulent les nations »*, mais accepte de n'être plus
qu'appel, seuil du souffle, ouverture à la « profération » : *« Et c'est là
ramener le mot écrit au proféré — le mot inscrit dans son vouloir
d'éternité à l'insolence du souffle qui profère... le mot écrit, à la
subversion du proféré — qui invariablement se perd... »* Vertige où
se joue — se perd — le statut ancien de l'écrit, mis en position
d'être traversé, troué, jeté, pour repasser dans ce qui — par l'écrit
— est devenu l'envers (l'outre-bord) :

> *Etant là*
>
> *membres*
> *ou*
> *mots*
>
> *Mais sur un bras*
> *j'ai débordé*
>
> *comme le vent*

Alors, par un nouvel effort de disjonction et de relance — un
mouvement brusque d'écart, de débordement, de scansion (où le
« bras » se révèle plus efficace que l'aile de noble et défunte
mémoire), une nouvelle pratique vient relayer et relancer l'impasse
de la théorie mallarméenne :

> *J'oublie les mots que je traverse*
> *quand je les inscris*

— c'est-à-dire : le monde n'aboutissant pas à un livre, mais se
perdant à mesure que le livre se fait — se met en place une pratique
où s'annonce une autre musique : chaque mot inscrit est relais,
aussitôt qu'atteint quitté, rythmiquement, énergétiquement, par le
« souffle », vers un autre mot. Il est traversé, oublié, excédé — vers

ce qui se dérobe indéfiniment : montagne, souffle, corps, ... — vers ce qui, écrit, reste toujours au-delà de l'écrit. Le mot, alors, se pense — se vit — comme ce qui, connu comme étant toujours à côté *(en défaut),* doit être re-franchi vers le « revers » et permettre d'aller vers ce qui est à côté *(en excès).* Ou, si l'on reprend la formule de Magritte, le mot est ce visible qu'il faut enlever pour aller vers l'invisible — ce visible qu'il cache. Ecrire se donne alors comme cette pratique qui a besoin des mots, « conducteurs d'énergie », mais qui est, par les mots, pratique de l'autre des mots. Le texte ne parle plus du seuil, ne le raconte plus, ne le figure plus, *il est lui-même* le seuil, la ligne de catastrophe. C'est pourquoi du Bouchet dit aussi :

Les mots en poussière seront rendus à ce qui scintille.

Traversés, « oubliés » dès qu'« inscrits » ils sont rendus à l'énergie qu'ils bordent. Au réel. Une physique de l'écrire — et une physique tout court : *« Terre parlant avec la première énergie »,* «... *terre froide qui contient la foudre »* — sous-tend ce travail qui rend les mots au « monde » où ils se font, comme le souhaitait Rilke du sujet, choses parmi les choses, — aussi bien sujets parmi les sujets qu'objets parmi les objets, la distinction sujet-objet perd toute pertinence... Mais cela implique un nouvel écart : par la déchirure chaque fois, le butoir, le seuil de chaque mot traversé (du texte dans son nouveau statut), une reversion a lieu où *« Tout devient mots »* se retourne en : *les mots deviennent (comme) terre, cailloux* — d'où se génère une scansion nouvelle, c'est-à-dire encore une rupture et une relance. Un nouveau mouvement en écart.

Vers...

. . . .

Je cesse. Non que la description de ce devenir soit portée à terme. Elle continue, inaboutie. Elle s'inachève — toujours vers d'autres relances. Mais pour dire que, dans cet enchaînement, enclenchement de ruptures et de disjonctions, de glissements et d'écarts, de passages latéraux, de pertes, de traversées et de trouées, de reversions et de sorties vers l'autre de l'écrit, écrire se donne comme le travail, ou l'ébat, impulsé par une énergie, des effets indénombrables — *« à même la locution »* — de ce que du Bouchet appelle un

> *...intervalle renaissant, interstice, oui, réitéré*
> *sans cesse, et qui ne peut que fuir.*

Ce devenir scandé, heurté, de l'intervalle, se donne comme un traçage qui échappe à toute linéarité, à toute compacité, à tout achèvement, et qui relève uniquement d'une articulation, *« de cette articulation qui élève, aère, espace... »,* qui scande multiplement, en un jeu de surgissement, de la perte, de la relance — *« réitérés ».*

Cela *« ne tient pas en place ».*

S'il y a « musique », c'est cela : à partir d'un butoir, le texte lui-même, qui resurgit toujours autre, à partir d'un point ou ligne de catastrophe, de rupture et d'écart, de trou et de relance, à partir d'un seuil où *ça* change — parce que ça s'ouvre et ça entre dans un devenir *(« Un pas/en défaut//produit l'abrupt »),* cette *« cassure de la halte qui n'est pas une interruption »* se fait la *« source sans commencement »* des effets (que l'on peut dire) de musique — c'est-à-dire en fait des effets d'articulation, de scansion, d'inachèvement et de silence (musique non comme art constitué, ni comme sons organisés, mais comme silence à travers le seuil qu'est le texte lui-même, à travers les mots — inscrits, traversés, oubliés...).

Et il est vrai que cela — ce silence — ne vient à la perception qu'après son avènement, quand ça a eu lieu, quand ça a déjà changé, ou alors : comme pressentiment, comme attente. Nommer ici — écrire, le seuil — n'advient qu'après ou avant. On pourrait aborder une problématique de l'instant pertinente aux effets de musique et envisageant l'instant *(« un instant qui met une lenteur infinie à parvenir »)* comme ce qui ne se perçoit pas quand il advient, mais toujours déjà advenu ou à venir, jamais en coïncidence, toujours (encore) à côté : dedans ou dehors — ailleurs — et comme ce qu'on ne peut pas arrêter, où l'on ne peut pas s'arrêter *(« je*

passe comme la pierre, bloqué »), emporté que l'on est dans le flux
des ruptures et des relances :

> « interstice, oui, réitéré sans cesse, et qui ne peut que fuir ».

Ecrire — *cet* écrire et ses effets de musique — commence là :
comme Blanchot l'a vu à propos de Mallarmé, quand l'*un* est mort.
Comme Rilke le chante, quand il y a forçage, effraction, bord et
lancée dans l'outre-bord :

> *« Jadis la première musique*
> *pour pleurer Linos osa forcer la dureté de la matière inerte. »*

Dès lors — dans l'ouvert (quand ça s'ouvre), dans le dispersé de
Hölderlin — d'instants en instants et entre ces instants (de mots en
mots, entre les mots). Dans cet au-delà (en deçà) de la rupture
(réitérée) où « tout flotte » et où, comme le disait Rilke dans la
première élégie, il est :

> *Etrange que dans l'espace, tout ce qui correspondit voltige, délié.*

Dans le fluide, le dissous, le délié — issu du forçage — écrire est
l'expérience du *« pied poudreux »,* en même temps que du sol qui
fait défaut, c'est-à-dire de l'ordre qui s'effondre, ou du moins
s'efface, et de la nécessité de prendre appui là où ne s'offre plus
aucun appui :

> *Lumière j'ai eu pied,*

— et ailleurs :

> *J'aime*
> *la hauteur qu'en te parlant*
> *j'ai prise*
> *sans avoir*
> *pied.*

Alors, écrire — là — et cela — *« sans avoir/pied »* — cela va
vers une écriture qui n'est plus capture — maîtrise, style — mais

(c'est aussi, comme du style disait Céline, « un boulot très dur »)
écoute... Et il est vrai qu'à écouter ainsi, le corps fait oreille écarte
les bruits immédiats et grossiers, indéfiniment s'affine et peut
parvenir à la perception de l'inaudible. Ecouter, c'est bientôt
écouter le silence. Et la musique (de l'écrire) est — se fait — ce
silence : cet au-delà en deça des mots, des bruits de mots. Ecrire (cet
écrire) est écoute du « frêle bruit ».

Mais ce « frêle bruit » qui ne se perçoit qu'à travers l'épars, le
dispersé, comme au-delà de ce qui est là, et qui se traduit, c'est-à-
dire se manque en se disant... — ce frêle bruit ou ce silence, effet de
parole, n'est pas seulement l'effet de cette distance que j'ai dite —
de la parole à la chose, du livre au monde, de l'écrit à la montagne
—, c'est aussi la distance elle-même, de la parole à celui qui la
« profère » — de cette parole disjointe, abrupte, trouée, traversée, à
celui qui la traverse et en est traversé.

Du Bouchet dit, relançant indéfiniment la pratique :

> *Pas de destination : j'ai rejoint. Mais la parole qui le rapporte, je*
> *dois encore aller jusqu'à elle : comme à pied...*

« ... LES LOINTAINS ATTÉNUENT »

Restes...

Dans l'usage que nous faisons de ce terme, se croisent deux valeurs : restes, d'abord, qui seuls semblent encore composer l'amoncellement indéfini de simulacres à quoi s'est peu à peu réduit cet espace — le monde — où l'être se perd : restes comme ce qui est réduit. Mais restes, aussi, comme ce que les simulacres proliférant ne parviennent jamais à capter, capturer, et qui excède toujours toute entreprise d'appropriation et de gestion. Alors : restes comme irréductible.

Ces deux acceptions d'un terme relèvent moins d'une contradiction que d'un indécidable : quand tout est réduit, ce «tout» échappe aussi à sa propre réduction, — ou plutôt, pour paraphraser Blanchot : quand tout est réduit, de l'irréductible apparaît dans le tout réduit.

La pratique poétique est celle qui, du «tout réduit», fait surgir ce «tout-autre» — hétérogène.

Dans tous les cas, y compris — ou d'abord ? — ceux ou cette pratique s'exerce visiblement, voire spectaculairement en corps — propre et/ou social —, ce tout autre est «le plus dangereux», en même temps que le plus «innocent» (Hölderlin), comme le montre l'expérience qu'en firent non seulement l'inventeur des formules ci-desssus, mais en cc siècle, un Artaud, puis un Pasolini. D'autres encore...

La figure, issue du flux énergétique comme ce qui s'en sépare, est la forme — un discontinu, qui peut rester invisible — en quoi l'énergie tend à venir se condenser ou se figer, à mollir jusqu'à se perdre. Une rétention qui fait boucle et volute apparaît : figure.

Toutefois la figure constituée peut continuer à être traversée par une énergie incluse assez puissante pour la faire entrer dans un procès d'anamorphoses, voire de métamorphoses — à moins qu'elle ne la dissipe aussitôt ; ou pour la faire voyager, intacte, à travers des espaces-temps multiples, des coupures.

Figure pour figure, j'aime celle d'un monde de particules, indéfiniment se liant et déliant — infigurable figure de nuée, corps sans limites observables, en mouvement, fluences et transformations, se constituant et déconstituant en densités et fluidités qui à la fois et tour à tour s'attirent, se repoussent, se heurtent, se traversent, s'absorbent, se dissolvent, éclatent, etc. — selon des lois intrinsèques et d'interrelations, locales et éphémères.

L'énergie chez du Bouchet. La fin de *Laisses* est exemplaire : l'air. Cet air surgit *« pour commencer, dans les intervalles ».* Il *« élève, aère, espace »,* selon une *« articulation »* par laquelle les mots sont *« séparés — aussi loin qu'ils peuvent l'être les uns des autres sans que le fil distendu qui les relie soit perdu ».* Mais en même temps, cet air — ce même air — *« reprend globalement du dehors sans espacer ».* Alors *« les mots séparés [...] ne se confondent pas moins que si jamais ils n'avaient été articulés ».*

L'air, figure de l'énergie et de ses effets quantiques d'indétermination : à la fois déchirant, espaçant, scandant quand elle surgit du dedans, et en même temps reprenant, globalisant, confondant — du dehors.

On observera :

du Bouchet n'attribue pas le premier effet à l'énergie — au réel —, le second au symbolique. Les deux sont des effets de réel. Cette « pensée » excède peut-être, en tant que problématique impliquée,

ce qui nous est venu, dans les quinze dernières années, des
«philosophes» (s'appuyant éventuellement sur Artaud ou
Bataille).

Montrant mieux que jamais, par la réduction à un élémentaire
de «style» particulier, que les ressorts qui nous agissent sont
physiques, même s'ils ne nous parviennent que médiatisés (symbo-
lisés), la pratique de du Bouchet remonte (presque) en deçà de toute
médiatisation vers les figures les plus rudimentaires ; par elles, elle
se tient au plus près de l'impossible source : dire l'air c'est dire
l'innocence et la suprême violence. Le «social», le «politique», le
«symbolique», ces catégories et les concepts et notions y afférant,
n'en sont que figures substitutives, métaphores massives et gros-
sières — qui dupent...

« Un instant, qui met une lenteur infinie à parvenir »...

Pensée de l'instant. Non (seulement) un point, mais ce qui le
produit. Son caractère d'irruption, de surgissement. Et aussi sa
situation, corrélativement la nôtre : le croisement de l'espace et du
temps — qui se traversent.

« Un pas/en défaut/produit l'abrupt »

La faille, l'avènement, la rupture. Il suffit d'un trébuchement,
pas en défaut (déjà, Proust, un pavé...), et par l'interstice ouvert
s'engouffre, en déploiement, l'impossible.

... La tempête de Giorgione : cette faille, aussi de l'éclair qui,
fendant la nuit, en imprègne de vert sombre l'espace entier, avec les
êtres et les choses qui l'habitent. Eclat dans la nuit, de la nuit
d'orage.

...« lorsque d'une enclume à l'autre le lointain localisait »

Travail du lointain, de la distance, de l'espace en volume dans lequel nous sommes pris. Et travail de la mesure — ce qui mesure : un événement en répétition, facteur de scansion, de ruptures et discontinuités qui morcellent ce plein continu. Mais alors l'événement est-il ce qui, mesurant, situe, ou est-ce le lointain — le plein de l'espace en volume — qui opère la localisation, la situation ponctuelle de ce qui, comme événement et rupture, advient en lui ?

Distinguer entre l'événement et sa localisation qui n'est pas son œuvre propre, mais l'œuvre du (mi)lieu où il a lieu. Œuvres solidaires et conjuguées du démembrement et de la structuration.

...« et nous ne quittons pas ce ciel, à un pouce du sol, où nous sommes établis »

Le ciel commence au ras du sol, en cette conjonction, sur cette pellicule indécidable où sol et ciel s'épousent, se font un et restent deux. Comme l'air et la peau : la peau, la terre, l'air qui les enveloppe, les serre étroitement. Néanmoins... *« Je sens la peau de l'air, et pourtant nous demeurons séparés. »* De ce ciel, de cet air, de cette conjonction-séparation, nous faisons l'expérience ininterrompue — expérience «primordiale, rudimentaire», ai-je dit, d'une immanence absolue, «que chacun à chaque instant vit, que tous — ou presque — ignorent...».

Dans une note d'*Approche de Hölderlin,* Heidegger écrit : «Hölderlin n'a fait que trouver, chemin faisant et seulement ainsi, ce qui lui était propre et ce vers quoi il n'a jamais cessé de se tourner.»

Si «ce vers quoi... se tourner» nous est devenu opaque au point de ne pouvoir — non plus même être atteint (ce que Hölderlin ne pouvait déjà plus), mais même être pensé comme ce vers quoi on pourrait se tourner (si le propre n'est pas ce qui, perdu, est à retrouver), il reste le chemin qui se fait de ceci : que l'on y rencontre, si on le rencontre, ce qui, dès lors, *se fait* propre dans l'acte où on le rencontre, et c'est ainsi (« seulement ainsi ») que se fait, se trace, le chemin.

Le satori, tel que le parle Bataille (*OC VI*, p. 192-193), présente, selon la « modalité mineure », les caractères de la rencontre. Pratique du « peu, qui surabonde ». Dans le connu — plein, compact, qui fait enfermement et impasse, quelque chose — *presque rien* — advient. Accident, n'importe quoi, aléatoire pur, dérisoire : un geste, un bruit, jeter un caillou, trébucher, boire du thé... Cela échappe à toute méthode, à toute positivité enseignable, à toute prévision aussi, à tout calcul et à toute programmation. Cela, néanmoins, requiert une discipline préalable : il faut en mériter la chance, pour l'avoir « recherchée ». Mais cela n'advient pas pour autant... Advenant, cela ouvre, déchire — peu : une fissure. Et par cet ouvert, dans la faille, dans l'entre, s'entrevoit ce à quoi on n'avait pas accès, ce dont on ne soupçonnait même pas la possibilité d'existence, ce qu'on ignorait que l'on ignorait et qu'avait rendu invisible le visible qui nous enferme.

Alors se déchire l'enveloppe du savoir (du visible). On entre un instant dans l'Ouvert.

Cette expérience est aussi celle du poétique : *« Un pas/en défaut//produit l'abrupt. »* Ouvrant sur un « moment d'illumination », elle est l'expérience de « la ruine des médiations enseignées » (Yves Bonnefoy). Elle pose le texte comme l'exercice, la discipline — « recherche, ou position, de la chance » — par quoi pourra s'avérer l'événement ; plus radicalement : comme l'événement lui-même, seuil, « plaie ». Expérience du branchement direct, soudain, éphémère, sur le réel. Expérience de « ce qui ne se parle pas », dit Heidegger, au sens où une chose se parle, c'est-à-dire se manque, dans le travail du concept. Dans la pratique esthétique aussi : « J'essayai, dit Bataille, de décrire cet état, qui se dérobe au maximum à la description esthétique. » (*OC VI*, p. 160.) Mais c'est ce *dont* on parle, dans le récit notamment. Et c'est *ce qui* parle, dans la pratique poétique.

...« *le propre de la magie étant de se dissiper* »...

Au XVIᵉ siècle, la magie naturelle fut pensée comme connaissance du réel, et comme opération technicienne visant à le capter, quand il se dissipe, c'est-à-dire surgit. Ainsi en va-t-il chez Paracelse, Cardan, Della Porta, Campanella...

Quand d'écrire (de vivre) re-surgit le réel.

En des points de fracture ne pouvant advenir, comme événements que dans le continu de pratiques qui « recherche(nt) la chance » et narrant, relatant, parviennent à rendre compte de la chance advenue : « Proust est soudain Pindare » *, qui parle alors de dilatation.

Dans son cas, on le sait, la « dilatation » est celle de la « place sans cesse accrue (de l'homme) dans le temps ». Cet effet est produit, aléatoirement, par un « brusque hasard » qui fait « impérieusement sortir » de, par exemple, l'interstice entre deux pavés, non la mémoire, ce construit, conceptuel et abstrait, mais la « présence » elle-même de ce qui était « perdu » : « les jours oubliés », avec leurs « sensations » — en somme le réel dont nous coupe le symbolique, mais que le symbolique soudain mis en crise par la catastrophe qui s'y avère, fait resurgir ou plutôt laisse passer, par la déchirure qui l'affecte. C'est pourquoi l'événement ne se connaît qu'advenu.

Qu'il soit cette émergence du réel, la seule « preuve » en est fournie — ajoute Proust — par cette « joie pareille à une certitude, et suffisante, sans autres preuves, à (me) rendre la mort indifférente ».

---

* R. Char.

Toutefois, le récit de Proust ne fait encore que relater... Ce dont il parle reste objet. Un «faux» sujet prétend y garder la maîtrise de la joie... La pratique ne se constitue pas encore de telle sorte que «ça» parle — pratique où ce qui restait objet se fait sujet sans figure, traversant le sujet — corps et langage — et qui requiert la «chute d'un usage habituel du langage» (A. du Bouchet). L'emploi habituel consiste à relater, à «produire du sens» (mais qui produit?). L'autre emploi, qui ne se définit que négativement, par ce qu'il n'est pas, puisqu'il se définit comme «chute», est tel que la pratique des mots n'y est que l'exercice qui figure ce qu'il effectue : l'irruption. Cette chute produit un «effet de vertige». Mais — ajoute du Bouchet — cet effet est «momentané». «Il se dissipe.» Alors se (re)découvre le «sol», ou «support», qui n'est pas pré-existant à l'événement (à la chute de l'emploi habituel du langage), mais qui en est cet improbable avéré, cette nécessité issue du hasard (chute, effet de chance), où «du coup le support — sans aller plus loin que soi — attenant au sol mais soi élargi — devrait être du même coup, et sans vertige, retrouvé».

Le «support», cet autre nom du réel, du «blanc», de l'énergie, n'est nullement ce qui est perdu. C'est ce qu'on peut — chance — trouver, ou re-trouver, à condition d'entendre sous ce dernier terme ce qui se dit dans l'expérience du *satori,* où la rencontre produit, chez celui qui l'éprouve, l'effet de «rentrer chez soi...».

Or ce *support* est une «liaison» : «soi — attenant au sol, mais soi élargi», où *soi* et *sol,* liés, différant d'une lettre, la même qui s'allonge ou s'élargit (*i* devenant *l* quand soi, se liant à *sol,* se fait sol), se constituent selon la figure que du Bouchet, dès 1959, désignait dans les «dernières toiles» de Poussin — «celles de l'*Eté,* surtout et de l'*Automne,* (où) les êtres ont l'air taillés, pétris et façonnés dans la substance même du sol sur lequel ils se meuvent, et se détachent, on l'a noté, comme des mottes de terre à peine dégrossies. Tel est le signe évident de la matérialité de leur accord avec le vrai monde qui les entoure». Ainsi le réel n'est pas un objet, mais — i devenu l — un «accord», «sans vertige», de soi et de ce que la rencontre met en relation avec soi : réel comme acte, relation et « matérialité », « support » — qui ne cesse de se dire à travers : « *Terre parlant avec la première énergie* », ou : « *Et nous ne quittons pas ce ciel, à un pouce du sol, où nous sommes établis* », ou dans : « *Je sens la peau de l'air* ». Toutefois, dans la liaison que « rapporte » cette dernière parole, se rouvre aussitôt une faille — dans l'accord, ce qui le brise et disjoint à nouveau soi et sol : « *Et pourtant nous demeurons séparés.* » Dès lors, se relance la pratique, et s'avère à nouveau le vertige, dans l'instant sans temps où — chance — dans « *l'interstice* [...] *réitéré sans cesse, et qui ne peut que fuir* », dans la brisure et le vertige se dissipant instantanément, ressurgit le support...

Parler de *Rapides*... je n'ai pas su, d'abord. J'aurai mis longtemps à y entrer. Peut-être y suis-je enfin parvenu de la pire des façons : maintenant, cela me déchire. Notamment le second « mouvement ». Aussitôt après — mais après deux « faces » de silence — ce passage que j'avais cité en emblème de mon état d'alors : « De l'autre côté de la prairie, une matière humaine malmenée — matière sans langue — hulule », c'est soudain le déchirement (qui s'est lié pour moi à ce que Bataille dit du sanglot, de la « vérité du sanglot »...) :

> ... *les lointains atténuent.*
>   *...fraîchir — non finir.*
> ... *soleil rentré dans sa coupe.*
>   *... jour sur*
> *jour puisant à un vide qu'avançant je reporte sans finir en avant de moi.*
>   *... j'ai couru à ce plan qui évide, prenant alors* hauteur.   *où l'extrémité, comme à l'extrémité d'une face qui ne finit pas, est découverte.*

J'entends cela : cette nécessité des lointains. Cette nécessité de ne pas finir. Cette pratique du vide où on est réduit à puiser, et qui ne cesse de se reconstituer, devant. Cette prise de hauteur... Cette extrémité découverte, qui est fin sans fin. Parce que les lointains, dès lors que leur force meurtrière découvre leur autre face, ne sont

plus cette mort, ou plutôt l'atténuent, et atténuent l'ardeur (« fraî-
chir », oui...) — celle du soleil, rentré dans sa coupe. Disparu,
hélas ; et pourtant, parce que disparu, creusant un vide qui (aussi)
génère, et sauve... Force du négatif. Issue de la mort, quotidienne.

(Pourtant, la « face qui ne finit pas »... la seule qui ferait vivre
— que de lointains faudra-t-il pour atténuer, pour fraîchir... sans
finir — pourtant, le seul désir...)

«... DÉCHIRURE QUI RIVE»

Je citerai, encore... et d'abord cette phrase — à peine phrase — innocente et redoutable :

«...poème qui effraie comme l'air.»

Nous pouvons y entendre la fraîcheur. Et sans doute faut-il aussi l'y entendre. Mais cela ne rend pas moins effrayante cette profération. Car frais ou non, l'air effraie... Etant ce rien qu'il dit aussi («*rien :* chose qui est en soi-même sa mesure») et qui, possible lieu de tout lieu, pour nous, n'est pourtant pas un lieu, étant sans limites constituées ni constituables par lui seul (ou par notre seule relation à lui). Tout peut y trouver place (et nous-mêmes qui y sommes), s'y faire une place, mais l'air à lui seul ni nous dans l'air ni suffiront.

Il y faut autre chose. Et d'abord une temporalité. Et auparavant, instituant celle-ci, un événement. Et même : non pas *un* événement, mais au moins *deux,* ou le même en répétition, en scansion rythmique. Par exemple :

«Lorsque d'une enclume à l'autre le lointain localisait.»

Alors la place, là, renaît peut-être.

Non seulement ni tout à fait comme ce dont une quête — discipline et écoute — nous assurerait (voire nous rassurerait) que cela, toujours, encore, repose sur un sol éternel, mais comme ce

qu'une avancée, livrée au discontinu de la marche, figure mini-
male du discontinu d'une relation difficile entre « je », les choses et
les mots, n'arrête pas de (re)trouver et de (re)perdre : par instants,
par butée, il arrive que par les mots qui sont en déphasage ou
disjonction avec le réel et avec celui qui le profère, nous soit —
aléatoirement, mais par un effort obstiné — restitué ce réel :
comme présence. Cela — chance — peut advenir quand les mots et
« je » expérimentent leurs difficiles relations mutuelles et leurs
difficiles relations, respectives et conjuguées, aux choses, et que
tantôt « je » est en avance ou en retard sur les mots, les choses se
dérobant ou, brusques, le traversant et traversant ses mots, tantôt...
— selon un jeu de positions relatives toujours infixables, fonction
de facteurs multiples et n'apparaissant que comme événements qui,
pourtant, dès lors, font trace et se donnent à connaître tour à tour...
Alors, dans ces écarts, ou hiatus, temporels ou spatiaux, s'avérant
indéfiniment, toujours autres et autrement situés, il peut arriver
que les mots rendent un instant sensible, à travers eux, « la part qui
les déborde ». Alors peut se produire, « une fraction de temps », ceci
— que

> « ... de nouveau la terre transparaît, anachronique, où nous
> sommes,   sur son éclat
>   à perte de vue. »

On est proche de Hölderlin, « de nouveau » : l'éclat, l'instant, le
point déploient une totalité. Mais non plus constructible selon la
figure du cosmos ancien. Rien qu'un « pauvre sol », aléatoire :

> « Ce qui, transparent
> dans le poème m'aura été jour par le travers des mots, redevient
> point opaque sur lequel, sans voir, j'appuie.   jour et
> sol.   sol à nouveau dans le jour. »

Sur ce sol, dans ce jour — qui ne sont pas place encore, mais
seulement espace où « loger » ce qui pourra s'y constituer une place
— « je » marche et découvre la possibilité difficile, toujours
menacée, d'un lieu.

Cette possibilité se donne dans l'exercice (difficile) de la parole. Grâce à elle et malgré elle, en dépit d'elle, mais *à travers*. C'est pourquoi il ne saurait être question de s'y installer. De croire même que cela, qui se découvre, puisse être sauveur ou sauvé. Du Bouchet ne célèbre plus, indéfiniment, la seconde naissance — répétition de l'instant où l'événement fait resurgir de la mort une figure du passé : deuil et nostalgie. Il marche déjà loin au-delà de cet événement, devenu lui-même révolu, dans la condition de la mort désormais lointainement advenue. Au-delà du déclin de l'Occident — homme enfin sans dieux ayant fait le deuil du deuil, pratiquant l'oubli de l'oubli, et qui peut enfin ne plus seulement parler dans l'après-coup, relatant, rendant compte de toujours la même douleur à la racine même de toute sérénité ou de toute allégresse, mais qui advient enfin à la condition de parler (ou de rester frappé de mutité) dans l'avant ou dans l'imminence, voire dans l'acte lui-même de chaque nouvelle rencontre, de chaque « secousse ». Où surgit cela seul qui se fait — qui « éclot », chaque fois, et qui n'est pas forcément reconductible à ce qui fut — à la souffrance de ce qui fut.

La marche, par laquelle — disait Dante — « le pied immobile est toujours le plus bas », s'effectue par la réitération incessante d'un geste, le pas, qui — comme « le froid » — « se traverse », soudain : relance en scansion, inarrêtable, d'une retombée, le pas est cette travers(é)e mutuelle de ce qui tour à tour se fait co-présent et toujours se poursuit de se décaler, d'être « en défaut ». Le « support » qui, à chaque pied se posant se constitue comme « point opaque », dès que trouvé — dans l'avancée de l'autre pied qui le traverse et l'excède, se reperd —

« ... déchirure qui rive. »

PRATIQUE DE LA PROFUSION

« ... *répandue en rareté.* »
S. MALLARMÉ

... je pars — repars — du début, presque, d'un texte déjà ancien, le premier que j'aie «osé» écrire *avec* une œuvre pendant quelque trente ans reçue, quand elle l'était, comme si «abrupte» — terme dès longtemps abusivement consacré — qu'elle fut dite «inapprochable»[1]. Et monotone : rencontrant sans cesse, disait-on, les mêmes rares objets qu'on a pu, non sans une complaisance qui masquait mal l'infirmité de qui y cédait, énumérer. Sans y voir. Ni savoir — ce qui s'y déploie. Sans y entendre, j'oserai dire : la profusion. Car :

D'une certaine qualité d'écrire («Ecrire, quel travail!»[2]) — qui fait taire l'emphase quand ce travail se fait, se sachant, dans sa nature obstinée et dans la situation qui lui est faite dans l'époque, vouée à rester inentendue (à devoir, par conséquent, être entendue «deux fois»...), il convient encore aujourd'hui — voire : plus que jamais — de souligner qu'elle ne peut advenir qu'à avoir, qui s'y livre, accepté de «n'être rien». De se faire invisible. Inaudible. «Inhumain» : «humain deux fois, plutôt»[3]. Dès lors, en effet, inaudible, invisible à la «gent moutonnière» qu'évoquait Stendhal[4] si c'est elle l'humain, à qui est devenu invisible, inaudible cela même qu'en son intime elle *est;* mais qu'elle se voile, ne se donnant de cela — d'elle-même — à voir, à entendre que ce que d'elle-même lui renvoient, en objets imposés de représentation mimétique, en miroirs par l'emphase rendus flatteurs, telles œuvres visant par moyens éprouvés à une séduction où sa vanité ne demandait qu'à se reconnaître[5].

N'entendant plus, dès lors, ce qui s'en trouve en tel écart qu'irréductible.

Lequel — écart — consiste en gestes. Non appuyés, non soulignés : sobrement exécutés, traçant selon ce qui trace.

Cela reste inouï de qui reste assourdi — abasourdi — par l'emphase commune : elle aggrave cela seul qu'on veut savoir ; elle ne peut percevoir cette nécessité de la « parole nue » — « neutralité prosodique »[6], inaudible dès l'acte où au futur se proférant, était déjà advenu ceci :

« Mon récit sera la branche noire qui fait un coude dans le ciel[7]. »

— où frappé d'embolie de ne plus être l'acte — en après, en confort, d'une bouche bavarde retirée du monde : Ulysse chez les Phéaciens, ayant mué « l'ode » en « épisode »[8] —, le récit sans cesse ni répit proféré à même les choses, par elles (« le ciel parle », ou : « Aujourd'hui la lampe parle »[9]), expose infiniment — Ulysse face aux sirènes, mais sans liens ni cire, ni serviteurs — celui qui, de ce qui advient, quand cela advient, accepte de ne plus être que le lieu de passage, ne pouvant dire, du ciel, de la lampe, de la branche, d'abord que : en eux « je reconnais ma voix »[10]. Puis, en ce lieu qu'il est, entendant de plus en plus finement, sans aucune limite, les rapports qui se tissent ; co-actions amoureuses, relations infinies, expansives — quand se dit, par exemple :

« Les genoux devant la braise fument comme dehors au roulement précipité du tonnerre le passage en silence des nuées[11]. »

Comme chez Virgile et comme chez Dante, sur « comme » s'articulent, dès lors homologues, les différences maintenues. Tra-

çant les relations qui nous font être au monde, et font à nous être le
monde (où « à » ne dit pas la « propriété » de la possession, mais la
réciprocité de la co-appartenance — quelque chose, on le sait, de
l'Etre...). « Comme » articule l'intérieur de la maison et l'extérieur
du pays, mais aussi bien, du même coup les réactualisant, ce qui fut
dit microcosme et ce qui fut dit macrocosme ; et encore : le proche,
le lointain ; les genoux, la montagne (laquelle, par eux « appelée »,
n'a nul besoin d'être nommée : comme dans un autre texte, « elle est
là »[12]) ; la vapeur qui monte des vêtements mouillés et les nuées du
ciel ; la bûche qui brûle et l'éclair ; ainsi que — innommés — le
visage silencieux qui médite et l'air — l'espace dit cosmique, globe
oculaire sans mesure qui enveloppe tout cela. « Comme » articule —
lie : lien qui fait lieu — un double lieu, dont — par ce mot-lieu
qu'il est — l'un dans l'autre s'inclut. Le révélant. Le déployant qui,
déployé, l'enveloppe. Espace pourtant qui n'est pas le double
contenant de ce qui s'y trouve logé. Ou plutôt : qui ne le devient que
par l'acte qui, liant ce qui advient ici à ce qui advient là, le révèle
en son déploiement, jusqu'à cet acte insu. Cela ayant provoqué
ceci, qui révèle en cela des rapports amoureux, un espace en résulte,
lieu de ce qui a lieu, lien par quoi se marient l'un dans l'autre les
deux. Mode(s) de relation(s) — de l'ici et du là, et entre ici et là
        : relation proférée des genoux à la braise, à la
vapeur et au visage non dit qui contemple, ici ;
        : là — et du même coup entre là et ici (qui
s'inclut dans le là) —, bruit du tonnerre, mais cela (là) incluant ceci
(ici), bruit de la bûche qui brûle et silence des nuées (là — ; ici : de
la vapeur) sur la montagne non dite, mais que les genoux, ici,
rendent présente. Et encore
        : entre ici et là, relation, double, de l'audible et
du visible qui, issus du même lieu n'en sont pas moins, en ce lieu —
là et, du même coup, ici — distinguables non pas malgré cela mais
grâce à cela même : où le silence de là — des nuées — est rendu
audible par le bruit du tonnerre et rend audible en même temps sans
qu'il ait à être dit le silence d'ici. Silence perçu — ici comme là —
par le bruit : double silence, double bruit. Du visage non dit qui,
ici, regarde le feu, les genoux, la vapeur qui s'élève ; et de l'air, là,

qui « regarde » (plus sobrement : enveloppe) le tonnerre et la
montagne sur qui passent les nuées...

Relations de relations. Etre au monde, en démultiplications.

De la « note » relationnelle à la relation et aux relations entre
notes : texte, livre, chant — poème de nouveau, peut-être : tout s'y
fait commensurable, y restant sans mesure. Les choses s'y mesurent
l'une à l'autre, aux autres. Entre elles, aux différences que, entre
elles se mesurant, elles laissent surgir. Disparaître. Non par
référence à un terme étalon, qui ferait mètre — convenu.

Aléatoires relations : nécessaires, dès qu'avérées.

Nous avons à y apprendre notre nouvel être-au-monde. A
désapprendre la maîtrise pour y apprendre à aimer le rapport [13], à
connaître que la maîtrise, par « mètrise », nous abstrait, nous
retire du jeu, de toute possiblité de contact, ne nous laissant au
mieux que la médiation conceptuelle : qui fait mètre. Et nous fait
maître : illusoirement parlant *sur*. Non *avec*. Nous fait « vestiges ».
Or :

> « Il n'y a pas de vestiges. L'esprit seul est vestige au monde qu'il
> découvre hors de l'esprit [14]. »

Affirmation souveraine qui retourne, la désignant, l'illusion
infuse à la métaphysique moderne : « l'esprit » n'est pas ce centre,
« maître et possesseur », qui tout organiserait — quitte à se retirer
dans une transcendance d'où se génère la frustration. Cela se donne
enfin comme effet d'optique, illusion perspective — position qui,
dès lors, peut — en tout cas : doit — être déplacée. Car l'esprit ne se
« découvre » pas vestige. Il l'*est*. Dès lors qu'il découvre, et vit, que
selon le leurre en vigueur, le monde est hors de lui. Alors que le
corps, lui, est au monde. S'agira-t-il de ne plus être ainsi : dehors ?
Ce n'est pas aussi immédiatement simple : ouvrir, s'ouvrir vers ce
qui n'est pas le seul langage de l'esprit, mais vers ce qui — par les
mots désigné — les excède, cela n'advient que de là, où nous

sommes placés, par et dans le déplacement que, de là nous pouvons effectuer. Notre relation aux mots, notre relation aux choses, et celles des mots aux choses, et à nous — nul n'aura davantage expérimenté qu'elles ne cessent de se constituer de minimes écarts temporels, décalages s'ouvrant indéfiniment. Ecrire, alors mesure ces décalages. Plus précisément : les vit, et leurs effets intenses, de déchirement ou de merveille, de vertige ou de déception, de creusement et de plénitude. Soudain, parfois — vitesse immensurable de l'instant — les décalages se trouvent réduits. Coalescence alors, un instant de ce qui se donnait en démultipliantes relations disjonctives : plus de faille. Mais, par exemple :

> « Byzance
> dans le caillou »,

selon telle condition :

> « pourvu que l'ongle incarné
> y
> bute » [15] ;

où la conjonction « pourvu que » résonne comme la marque d'une terrible confiance dans l'accident, même minime, qui se fait lieu où a lieu l'accueil à toutes choses, y compris (d'abord ?) au commun, voire au trivial et — en l'occurrence — au douloureux. Vécus et évalués à leur juste dimension, éventuellement dérisoire, anodine pour tout autre que celui qui s'y trouve placé, mais aussi bien pour lui-même hors de cet instant, dans la relation temporellement et spatialement changée à cet instant.

Or l'accident, même minime, déploie le temps : les espaces défunts, re-surgis, là, soudain. Acuïté accrue, désormais sans complaisances ni égards, « rapide » — selon la seule force du fait (« elle est là ») — de l'expérience qui fut au fondement de l'entreprise proustienne, ou — selon une vitesse encore accrue — de celle du Celan de *Sperrtonnensprache* [16].

... « Y bute » : sur un cri, de douleur, proféré, (a) Y, le caillou ((a)... Y) dès qu'écrit (écrit, le cri) se fait le lieu (Y) instantané —

disparaissant — d'où surgit, concentré, non la seule mémoire, ni la seule figure (... «je ne sais quelle image», dit ailleurs, d'une autre expérience, Heidegger [17]), mais Byzance «elle-même»...

Cela, toutefois, ne se donne qu'à s'être placé en posture d'écrire non seulement dans l'instant, mais — précisément — l'instant. Etre là : Y être. Tout. A cet unique instant, se réitérant. Dont «le propre» est de «se dissiper» : magie [18]. Plénitude de ce qui, bref, soudain se donne — en déploiement. Jaillissant.

Tout, surgi, donné dans ce (presque) rien. Par la main il surgit, dans l'instant sans durée du vivre où il surgit du monde.

Du même coup : ouvert, ce rien. Traçant.

Non sans implications :

«Le mot est là

Pas moi [19]. »

Là, sur la page, inscrit, le mot. «Surcroît» par lequel, du même coup, bien que semblable, «moi» (le «sang») est ailleurs, déjà, plus loin. Ou (encore) (à nouveau) nulle part. Mais issu de ce «là» : il n'y reste pas prisonnier. Projeté dans l'Ouvert qui, s'ouvrant, a permis que s'inscrive, de lui issu, le mot. Dans l'Ouvert que le mot a ouvert, enveloppé encore dans ce qu'il a ouvert...

Le poétique ou ce qui, inscrivant, ouvre — en mots — vers ce qui n'est pas le mot. Vers le «monde» — «l'espace». Et, dans l'espace qui s'ouvre, aussi bien, tout le temps.

Un souci, là, travaille. Historial. Il en va de notre être au monde, après l'engouffrement post-mallarméen :

«Parce que je ne voudrais pas que le langage se referme sur soi.
Je ne voudrais pas
que le langage se referme sur moi [20]. »

ou :

« y a-t-il eu point de départ d'une
pensée.   et elle, conduite au point
où elle se perdra.   comme
espace [21]. »

Qu'un instant, un événement, déploie la plénitude.
Que la minceur extrême configure un cosmos (un « interstice »,
« un dessin »)
Qu'un livre s'écrive de quelques proférations.
Que de quelques brèves marques flue l'espace sans fin.
Ni Tsan restitué, peut-être :

Dans *Ici en deux* :

« Cela
est proche

puisque
la substance en moi qui souffle
est

la même
que

l'autre des lointains [22]. »

La « substance [...] qui souffle » est perçue — seule « preuve »
— comme unique, la même ici et là : « en moi » et aux « lointains ».
Energie. Qui peut — doit — être nommée autrement selon qu'elle
est « en moi » ou « des lointains », mais qui n'en est pas moins sue
une — « la même » — au point même, instant ou espace, où elle se
fait autre. Recevant identité du lieu où elle a lieu, qui la distingue
en ceci et cela.

Joignant ce qui est séparé. Les maintenant séparés. Mais
imposant cette certitude que le tissu du monde est *un*, ou plus
exactement : sa « substance ». Une même substance fait le monde,
la diversité sans fin de ses configurations. C'est pour cela que le
plus lointain — « Cela » — « est proche ».

Arpenteur des distances et proximités. Des déchirures et des
jonctions. De cet oxymoron perpétuel, non verbal, mais réel, par

quoi se donne à vivre, disjoint et un, déchiré-continu, différent
et le même, ce qui échoit — chance advenant. Ainsi :

> «... être
> au sol
> comme au plus haut
>
> ce sol
> bleu
> où
> la montagne
> aura creusé[23]. »

Sol et sol : le sol sur lequel je me tiens, pieds posés, et celui « au plus
haut » — où ce ne sont pas mes pieds, mais — *comme* eux — « la
montagne » qui, s'y posant, « aura creusé ». Ciel est sol — comme
montagnes sont pieds. Dès lors que je perçois cela, que ne suffit pas
à oblitérer, que confirme même, le vertige du basculement s'opé-
rant, qui renverse haut et bas, je sais — « sans vertige » je sais
qu'être à même le sol, c'est du même coup être au ciel. Un texte,
déjà, l'avait dit :

> « Et nous ne quittons pas ce ciel, à un pouce du sol, où nous
> sommes établis[24]. »

Mais s'affine, se démultipliant, la co-appartenance infinie :
d'actes, d'étants. Régie par « comme ». Selon le « bleu ».

Dans *Ici en deux,* comme dans *Axiomes,* la profération, brève,
rompue, discontinue, ne cesse de s'excéder elle-même en conti-
nuité. Continu de rupture, au-delà de chaque rupture — d'elle issu.
Car le geste qui trace plus savamment que jamais en figure la
scansion selon le souffle, pluriellement rompue et sans trêve
relancée, en torsions et sinuosités : des ruptures ouvrant la proféra-
tion en interstices réitérés, s'engouffre le silence qui en jaillit selon
un continu nouvellement figuré : en brisures se relançant

> « jusqu'à ce que le trait, repris toujours, et en quête de la dernière
> surface, toile, air, papier, qui l'en sépare, s'étant interrompu,
> touche à son objet immatériel »[25].

Y touchant, la scansion qui flue, brisante et brisée, évanouit tout sens : l'extrême précision de la formulation, d'être gestuellement ouverte et liée, chante un sens qui se perd. Dans le souffle, « objet immatériel ».

Poèmes respirés. Qui respirent.

> ...« ce qui sans répit
> me fait
> peut bien défaire.   cela s'appelle
> respirer »[26].

Respirer : scander. La « substance... qui souffle » fait et défait. Déploie et foudroie. Ainsi avance le poème, sur le rien. Dans le rien. D'où il naît. Qu'il rejoint. Menacé :

> « pour avoir
> trop   voulu saisir, je me retrouve entier
> dans le creux de la main »[27].

Exposé à être défait. Alors réduit à (presque) rien : en soi, pourtant, « entier » recueilli. Par soi. Se reconnaissant, par le « souffle », de même substance (« comme », encore...) que *cette* porte qu'un (autre) souffle frappe violemment, ou que cette « déchirure » — au ciel :

> « Sur une déchirure des airs
> qui transhument — comme, dehors, la porte rouverte aussitôt.
> Le souffle. Tant que j'ai souffle[28]. »

De ce rien, presque, même substance, chaque fois s'ouvrant, re-partir : chaque pas, chaque mot, laisse loin, englouti, ce qui fut rencontré. Le lien unique se délie, sans trêve se relie. Ce qui se quitte se rencontre. Mais à se déployer dans l'espace du livre, dans le temps que découpe — scande — chaque profération, s'éprouve que le pas, que le souffle, qui déploient les espaces, se déploient dans le temps, ou mieux : déploient le temps.

Temps des airs qui transhument : chaque profération bourdonne et retentit de tous les temps qui s'y font co-présents. Dans le déplacement. Les failles se déploient en immenses spirales.

« ... PAROLE DÉBORDÉE »

— qui ne relève plus de la langue telle qu'issue de multiples proférations, et disponible à tous nouveaux usages, elle gît aux dictionnaires. Non plus que de l'emploi conventionnel, où chaque mot reste ce « numéraire facile et représentatif » que, le premier à en éclairer l'insertion dans le circuit, devenu universel, de l'échange économique, aura stigmatisé Mallarmé [1].

D'elle il aura été dit :

> « Mais la parole débordée n'est plus un moyen. on peut l'appeler poésie. ou encore : rien [2]. »

Du rien, selon une acception la plus proche de l'origine latine dont ce mot dans notre langue se constitue, il était écrit quelques « laisses » plus haut, ou plus tôt :

> « rien : être absolu. chose quelconque. »

et :

> « rien : chose qui est en soi-même sa mesure. »

De ce rien qui, chose, du même coup « échappe à la langue », il est à chaque instant observable qu'

> « un mot cependant l'aura dénoté ».

Paradoxe de l'écart, ou différence, d'où s'engendre cet effet que, dénotant l'immensurable, tel mot nécessairement sera excédé par cela qu'il a dénoté. Débordé par la chose, ce mot

« alors comme sorti de la langue, lacune ou macule, plus vivement qu'un vestige, marque l'emplacement »

: il expérimente et nous donne à expérimenter le hors-langage, il touche et fait toucher l'irréductible à tout langage — outre-bord sur la limite duquel il est venu se placer dans l'acte même où, pour le dénoter, il l'a, peut-être, convoqué ou, plus sûrement, y a été convoqué : débordé par cela qui reste hors de sa mesure, dans ce contact qui en « obnubile » le sens il se fait, « lacune ou macule », ce « signe, de sens nul » par lequel il advint à Hölderlin, au comble de sa trajectoire, de fonder « l'essence essentielle » — historiale — de l'être poétique moderne : ainsi devenu « étranger », arraché à toute position — relative à d'autres mots — susceptible de lui conférer fonction sémantique et exclu de tout usage utilitaire possible, il en vient à ne plus « marquer », vidé de sens, qu'un « emplacement ». Mais cet emplacement étant l'extrême limite où l'acte l'a conduit, non à se perdre mais, au-delà de toute possible réduction, à devenir accès au sans-accès, ce mot aveuglé en lequel éclatent, inextricablement co-présents, les contrastes irréductibles, en devient lui-même le seuil ouvrant sur ce « nulle part sans négation » que disait Rilke — à fond d'oubli, « qu'on sait infiniment et qu'on ne désire pas »[3]. Lui échoit ainsi, hors toute métaphore, le destin *(moïra)* qui fut, selon le mythe, celui de Tirésias.

Encore imparfaitement, car — par défaut — sur le mode métaphorique, un texte ancien le figurait déjà, en train d'éclater pour « livre(r) son ciel »[4]. Loin de renvoyer le mot à la nullité, l'aveuglement produit par la saturation que lui confère la proximité atteinte du réel, est comme relayé et relancé par un avènement non contradictoire au sens où il en viendrait à, conventionnellement, se détruire au contact du précédent ou à le détruire ; mais, se plaçant en co-action, à se déployer en contraste avec lui :

« un mot n'est pas invariablement abuté à un autre mot,
comme le veut l'époque infatuée d'écriture.
                                    moi qui ne suis pas
un mot, parfois je bute, en revanche, sur un mot ».

Ce n'est donc pas le mot seul qui est débordé. A son tour, il déborde « je » : « me » déborde. Il reste hors de « ma » prise. « Je » fais l'expérience de l'excès, par rapport au mot, non seulement de ce que montre le mot, mais de ce mot lui-même par rapport à « moi ». Double débordement — du mot par la chose et de l'opérateur par le mot.

Que vient aussitôt relancer un troisième mode de débordement, à partir duquel, considéré *avec* les deux précédents, tous les débordements successivement apparaissant se donnent comme mutuellement co-présents et co-actifs — « échangeant une réciprocité de preuves »[5]. Car : excédant et excédé, le mot est tout aussi bien débordé par celui qui, le proférant, en est débordé :

« qui parle, s'il est là, l'emporte sur sa parole ».

Il y faut — inéluctable — une condition :

« encore lui faut-il être présent ».

Selon l'écoute à laquelle, lisant André du Bouchet, nous convie Henri Maldiney, « être présent » s'entend ici au sens de « se-tenir-debout-à-travers »[6] — dans la co-action des débordements opérant — ayant part soi-même à ces débordements. Alors :

        « être présent à un mot : rapporter au mot ce qui lui est,
        dans le développement de la durée, retiré. alors sa substance à
        jour [...] obnubile ».

Alors il advient que la « sub-stance » (: ce qui se tient au-dessous — le Réel) vient « à jour ». Et peut se dire :

« J'ai sous les yeux — sans la moindre attache — le mot demain. »

Dans une lettre à Roger Munier[7], où il s'efforce non de commenter mais d'en venir à entendre et à faire entendre la phrase de Rimbaud :

> « La poésie ne rythmera plus l'action, elle sera en avant »,

Heidegger montre de quelle façon, immémorialement, le poétique ne cesse de venir à notre rencontre depuis — précisément — un « demain » qui est l'avènement, réitéré — et, alors, « présent » —, du « fondement » : en deux vers d'Archiloque *rutmos* se donne à lire à la fois comme le « sans accès » et comme la « proximité » de ce dernier. En tant que cette « région » — de la « proximité du sans accès » — *rutmos* s'entend comme le « rap-port qui porte l'homme ». Les « rares à devenir poètes », observe alors Heidegger, sont immémorialement les seuls à parvenir à la proximité de cette région. Et là, ils ne font que la « montrer »,

> « dans un dire qui nomme cette région ».

Pourtant :

> « en ce temps où la poésie est arrivée devant l'inconnu, [...] le dire du poète qui vient bâtira-t-il en prenant appui sur ce rapport ? »

Question de penseur. A laquelle réponse est de toujours donnée par le geste poétique lui-même. A chaque fois que, véritablement, il a lieu. Car : du *rutmos* ainsi entendu, la « substance » selon du Bouchet, tout aussi immémorialement que ce qu'elle désigne, fulgure comme l'une des nominations poétiques les plus aiguës qui furent jamais. Multiplement figurable — : « blanc », ou « bleu », ou « noir » (mais : « je ne suis pas celui qui dira que le noir est noir »[8]), ou « souffle », ou... — elle ne cesse de se faire présente, incluse au mot qu'elle déborde et qui en devient « tache », « lacune ou macule » — qui « obnubile ». A la fois elle porte et suscite le mot, l'habite aussi comme son fondement en lui s'incluant — revenant

en lui. Le traverse — «écrit», donc «vocable»[9]. L'enveloppe enfin.
Et, en tant qu'elle l'enveloppe, le mot, fait nom, la nommant, la
montre.

Où pourtant, André du Bouchet œuvrant selon l'exigence du
poétique ne cesse de faire un pas de plus, peut-être, que Heidegger
sur le chemin que ce dernier désigne, c'est que, là où Heidegger,
parlant de proximité, de nomination et de monstration, ques-
tionne encore à notre adresse commune :

> «Quand le mot se fera-t-il
> de nouveau parole ?»[10]

et renvoie à un temps qui — de toute façon — n'est pas, communé-
ment, aujourd'hui, André du Bouchet ne cesse pas d'en venir, selon
la toute-puissance de l'affirmation que confère — en tout oubli des
communes infirmités — la souveraineté du consentement inhérent
à l'acte poétique, à pouvoir affirmer : le mot, qui montre en
nommant, se fait parole chaque fois que «je» parvient à «être
présent» et — étant présent — à «se-tenir-debout-à-travers» les
débordements corrélatifs qu'il expérimente, qu'il subit aussi et
que, du même coup, il effectue — c'est-à-dire : chaque fois que
«je» se trouve en position de déborder cette parole qui le déborde
et qui est elle-même débordée, comme lui-même, par la chose qu'il
déborde à son tour. Entendons : quand il est mis en position
d'effectuer lui aussi, avec elle, ce que la parole effectue. Si bien
qu'à la question du penseur : «le poète qui vient bâtira-t-il en
prenant appui sur ce rapport ?», il est, par le poète, répondu :
nécessairement oui. A chaque fois que «je» parvient à être présent
à la présence de ce qui apparaît — à «bouger avec» ce qui bouge,
comme émerveillé le découvrit Hölderlin advenu à l'espace qui ne
relève plus des clivages communs — en fait, meurtriers[11]. Car alors
le *rutmos* — sub-stance — se donne comme la mise au jour de lui-
même — d'elle-même — dans les mots.

Alors, la parole à ce comble advenant, du même coup advient à
«l'accompli». Et :

> «parole dans l'accompli porteuse de ce qui n'a pas même encore
> été»,

— où se dit que c'est à tout instant que le mot non seulement, selon la formule d'Artaud, peut nous « aboucher au réel », mais, du même coup, faire à travers lui venir à la présence — maintenant — ce qui, de toujours, vient vers nous : « demain ».

Il y faut — condition la plus simple et, aux limites de l'impossible, la plus ardue — la présence : présence de la présence et présence à la présence, traversée mutuelle — en co-action — de je, du mot et de la chose — de la substance.

A être cet accès au réel, le mot se fait parole.

LIRE

« le propre de la magie étant de se dissiper »

« ainsi l'état
d'une planche
de Hercules Segers,
à peine
— sinon violemment — se
distingue de l'autre »

                 : de même, pour moi, depuis toujours un texte d'André du Bouchet à peine se distingue, tel moment où les yeux et, éventuellement muette, la voix se posant sur lui l'auront distingué, de tel autre ou de rien, ou de lui-même dans tel autre moment — dans un autre état, donc — où, par contre, il lui adviendra de résonner, inouï — puissance éclatant soudain sans savoir comment à travers les mêmes mots qui jusque-là étaient restés et — aussi bien — redeviendront, aussitôt, indistincts.

Selon ce qu'entre autres implications parvient à faire entendre, si on l'entend, le silence qui s'ouvre, infini, sous le *linteau en forme de joug* :

« Une étendue de peinture — une nouvelle étendue de peinture... une étendue de sommeil... »

                 : pouvoir hypnotique, écrasant, non seulement des épaisseurs accumulées d'un tableau de Pierre Tal Coat, mais — à la semblance de ce tableau — de toutes choses en monde à notre regard ou à notre pas, à notre vivre-avec-elles ne cessant de se donner : écrasantes de leur propre densité dans sa

présence dérobée, que ne franchira pas le geste de nous en détourner
dont nous pourrait séduire leur excès de force contenue, ni l'illu-
soire capture selon le leurre en volonté de faire de la force en elles
gîsante notre force agissante, mais l'acte de « bouger avec » elles
selon un accord au coup par coup seulement constituable, éphémère
et tel que, les accueillant et par elles accueillis, nous puissions en
venir à dire, nous aussi :

> « Un jour de plus — une épaisseur de plus, puis, de nouveau le
> monde englobé s'annule. »

S'accumulant, épaisseurs, jours, à
chaque geste chaque jour s'augmentant d'une ou d'un, comme dans
le tableau les épaisseurs vertes ou brunes de Tal Coat soudain
saturées — basculent, de multiples devenant l'*un : univers* dont, à
même le texte, nous voici faits ce « signe, de sens nul » qu'en figure
s'y inscrivant nous y advenons : chacun, « porteur d'une perche »
devenu ce

> « signe comme accidentel,
> et le même toujours, trouvant corps »

— qui sera aussi le *pré-*
sent, soudain : « cet accent, à placer », s'étant placé.

Homme alors,
en figure « trouvant corps », se plaçant. Dès lors — alors — y
sachant, la trouvant, sa place.

Qu'il conviendra, selon la même
bonne grâce ou légèreté au comble de la pesanteur, d'accepter
aussitôt de reperdre,

> « dissipé(e) à nouveau, dans
> l'épaisseur décalée ».

Aléatoire de la lecture : abouchement au réel.

NOTES

Le Poétique, le Réel

1. Les «noms», ici abondent. Selon les références : configurations multiples du sans-figure, nominations du sans-nom.

2. Georges BATAILLE, *L'impossible*, in *Œuvres complètes* — III, Paris, Gallimard, 1971.

3. F. HÖLDERLIN, *Le plus proche meilleur* (3ᵉ version), trad. F. Fédier, in *Œuvres*, Paris, Pléiade, p. 904-906.

4. HÉRACLITE, fragment 65, pour la critique d'Hésiode. Cf. le commentaire qu'en fait Heidegger, in *Séminaire du Thor* — *1966*, in *Questions IV*, p. 203-205.

5. Henri MALDINEY, *Regard, Parole, Espace*, Lausanne, L'Age d'Homme, 1973, p. 19.

6. *Ibid.*, p. IX : *Présentation*, par J.-P. Charcosset et B. Rordorf.

7. *Ibid.*

8. André DU BOUCHET, *Défets*, Paris, Clivages, 1981.

9. Martin HEIDEGGER, *Qu'appelle-t-on penser?*, trad. par A. Becker et G. Granel, Paris, P.U.F., rééd. 1983, p. 31.

10. A. RIMBAUD, *Poésies*.

11. A. RIMBAUD : phrase de prose qui figure au terme du poème : «Qu'est-ce pour nous, mon cœur, que les nappes de sang», in *Poésies*. J'en ai fourni un commentaire, auquel je renvoie, dans *Na doni fo - 2, Prevue* — *18*, octobre 1981, p. 36.

12. Les citations qui suivent, de HÖLDERLIN, sont extraites de *Œuvres*, bibl. de la Pléiade, 1967, dans les traductions, tour à tour, de Gustave Roud, André du Bouchet, François Fédier.

13. André DU BOUCHET, *Rapides*, Paris, Hachette — P.O.L., 1980 (réédition : Montpellier, Fata Morgana, 1984).

14. Martin HEIDEGGER, *Lettres à Roger Munier*, lettre du 16 avril 1973, in *Heidegger*, Cahiers de l'Herne, Paris, 1983, p. 110-111.

15. *Ibid.*

16. André DU BOUCHET, «*Les Hauts-de-Buhl*», *L'Ire des Vents 3-4*, «Autour de Michel Leiris», 1981, p. 35-54. Et : *Peinture*, Montpellier, Fata Morgana, 1984.

Pour la *présence* et le *présent* dans l'œuvre d'André du Bouchet, cf.
Henri MALDINEY, *Les « blancs » d'André du Bouchet*, in *L'Ire des Vents 6-8*,
1983, p. 195-214, et notamment la p. 206.
17. André DU BOUCHET, *« Les Hauts-de-Buhl »*, éd. cit., p. 54.

Dit de l'Obscur

1. LYCOPHRON, *Alexandra*, traduction par Pascal Quignard,
L'Ephémère — 15, automne 1970, p. 227-262.
2. M. HEIDEGGER, *Qu'appelle-t-on penser?*, Paris, P.U.F., rééd. 1983,
traduction de Aloys Becker et Gérard Granel.
3. A. RIMBAUD, *Lettre à Paul Demeny*, dite « du Voyant », du 15 mai
1871.
4. F. HOLDERLIN, *Remarques sur les traductions de Sophocle*, in
Œuvres, Paris, Pléiade, p. 951-sq. et *Lorsque pourtant ceux du ciel...*,
ibid., p. 896, traduction par François Fédier.

Ordres d'Arès et d'Aphrodite

1. EMPÉDOCLE, fragment 128 *(Les Purifications)*, in Yves BATTISTINI,
Trois présocratiques, « Idées », N.R.F., p. 183.
2. HÉSIODE, *Théogonie*, v. 116-210 et 453-506, in *Théogonie, les
Travaux et les Jours, Le Bouclier*, texte établi et traduit par Paul Mazon,
Paris, « Les Belles Lettres », 1979 (10ᵉ édition).
3. Le résumé simplifie abusivement le texte ; en effet : *avec* Gée
surgit du chaos Eros, puis Erèbe et Nuit, d'où naîtront Ether et Lumière du
jour. C'est *sans* Eros que Gée sépare d'elle Ouranos et les êtres qui suivent
(Hautes Montagnes et Nymphes — puis, la Mer). Mais c'est semble-t-il, par
lui, animant Ouranos, qu'elle engendre les Titans jusqu'à Cronos. Quant à
la mer, issue elle aussi, parthogénétiquement de la Terre, je renvoie aux
notes qui suivent, notamment aux notes 5, 6 et 7.
4. « Père », en ce vers 138, comme au vers 155 (cf. citation suivante),
traduit (mal) « τοκηης » : *géniteur*, sans plus. La paternité symbolique ne
sera posée qu'ultérieurement — par la Mère : qui la fonde par la castra-
tion. Alors, mais alors seulement (v. 164 et 165) le texte passera au terme
« πατητ » : *père*, pour désigner Ouranos.
5. Je renvoie à l'étude de Georges DEVEREUX, *La naissance d'Aphro-
dite*, in *Femme et Mythe*, Flammarion, 1982, p. 97-126, pour le réseau
mythique d'où est issue la relation entre Gée et Cronos. Non moins que sur
le fond mythique commun, asiatique et méditerranéen, il faudrait insister
sur la spécificité du texte d'Hésiode, ses ellipses, ses « non-dit », ses
transformations. Ainsi, il est remarquable qu'Hésiode ne précise pas le
lieu où Gée « cache » et « place en embuscade » Cronos. Et se borne à dire
qu'elle « lui enseigna tout le piège ». Or, ce ne peut être qu'à l'intérieur de
son propre corps, d'où il n'est pas sorti, y ayant été « refoulé » par Ouranos.
Mais plus précisément, dans son vagin. Non moins remarquable, qu'il soit

question de « bourses » et non de verge — ce qui n'est pas sans incidence sur la lecture à faire du statut d'Aphrodite, « phallus » selon Devereux, ou irréductible à toute instance phallique, comme il me semble. Enfin — surtout — qu'il soit bien précisé que c'est « au hasard, derrière lui » que Cronos jette le sexe tranché de son père : l'une des dimensions majeures du mythe de la naissance d'Aphrodite selon Hésiode résulte de ce « hasard » (cf. *infra*), et de ce « derrière lui » — qui n'est autre que l'intérieur du corps de la Mère. Et qui est du même coup Mer, dans laquelle naîtra Aphrodite.

6. Encore que... voir note précédente. Mais la Terre, pour Aphrodite, n'est pas une Mère comme elle l'est pour ses fils mâles : Mère symbolique. Tout au plus génitrice, par ses « eaux »...

7. Ainsi, la Mer (les eaux) serait la seule féminité de la Terre en tant que Mère. Pour le reste, la Mère est tout entière reversée, par ses fils, du côté de l'ordre mâle : de la lutte des pouvoirs.

8. G. DEVEREUX, *op. cit.* Réserve faite sans la moindre intention malveillante : le présent texte aussi, en de multiples points, va « trop vite » ! — comme l'impliquent, ci-dessus, les notes précédentes. Telle est la complexité des relations en réseau d'un texte poétique travaillant le mythe (ou travaillé par le mythe) que toute lecture en reste nécessairement en deça. Ennième preuve qu'un « grand » texte est toujours plus que tous ses possibles commentaires.

9. HÉSIODE, *Théogonie*, éd. cit., v. 201-210.

10. M. HEIDEGGER, *Questions IV*, Paris, Gallimard, 1976, p. 203-205. Les citations qui suivent, de Heidegger, sont toutes extraites de ce passage.

11. LUCRÈCE, *De rerum natura*, I, 1-43.

12. EMPÉDOCLE, *éd. cit.*, fragments 87 et 32, fragment 33.

13. Marguerite DURAS, Michelle PORTE, *Les lieux de Marguerite Duras*, Paris, éd. de Minuit, 1977, p. 103.

14. Joë BOUSQUET, *Langage entier*, Rougerie, 1966, pp. 89-90.

Consentir, éclairer

1. Yves BONNEFOY, *L'arrière-pays*, « Champs », Flammarion, 1982, p. 98 (1ʳᵉ édition : Skira, Genève, 1972).

2. *Ibid.*, la première phrase du livre, p. 7 : « j'ai souvent éprouvé un sentiment d'inquiétude, à des carrefours. Il me semble dans ces moments qu'en ce lieu ou presque : là, à deux pas sur la voie que je n'ai pas prise et dont déjà je m'éloigne, oui, c'est là que s'ouvrait un pays d'essence plus haute, où j'aurais pu aller vivre et que désormais j'ai perdu ».

3. Que Rome, et non la Grèce, plus exclusivement « originelle », ait reçu et maintenu la fonction — par sa « vocation universelle », deux fois au cours de notre longue histoire affirmée — de constituer le lieu emblématiquement (voire mythologiquement) central et hégémonique d'Occident, c'est un fait trop macroscopique pour être contestable, et qui fut pendant des siècles souligné et démontré, mais qu'il conviendrait de ré-intérroger

aujourd'hui dans l'ordre d'un questionnement de notre généalogie et de l'effacement de l'origine.

4. M. BLANCHOT, *Le livre à venir*, Idées-Gallimard, 1971 (1ʳᵉ éd. : 1959), p. 9-19 : *La rencontre de l'imaginaire*.

5. Ph. JACCOTTET, *Paysages avec figures absentes*, Paris, Gallimard, 1976, p. 130.

6. Y. BONNEFOY, *L'arrière-pays*, éd. cit., p. 140.

7. *Ibid.*

8. M. HEIDEGGER, *Questions IV*, Paris, Gallimard, 1976, et *Le défaut des noms sacrés*, in *Contre toute attente — 2/3*, Printemps-été 1981.

9. Y. BONNEFOY, *L'arrière-pays*, p. 141. L'anecdote concernant Poussin ramassant une poignée de terre, est issue de G.P. BELLORI, *Le vite de'pittori, scultori ed architetti moderni*, Roma, 1672 : « Trovandomi io seco un giorno a vedere alcune ruine di Roma con un forastiere curiosissimo di portare alla patria qualche rarità antica, dissegli Nicolò : Io vi voglio donare la più bella antichità che sappiate desiderare ; ed inclinando la mano raccolse fra l'erba un poco di terra e calcigni, con minuzzoli di porfidi e marmi quasi in polvere, poi disse : Eccovi, Signore, portate nel vostro museo, e dite : Questa è Roma antica. »

10. Rilke qualifie de « tempête » et d'« ouragan de l'esprit », le temps, très bref, où il achève les *Elégies de Duino*, dans la lettre du 11.2.1922, à Marie de la Tour et Taxis (in *Œuvres — 3, Correspondance*, Paris, Seuil, p. 500). Le « bûcher » est celui par lequel il figure sa propre agonie, dans son dernier poème (in *Œuvres-2, Poésie*, éd. cit., p. 463-4, traduction de Ph. Jaccottet) : « Naïvement pur d'avenir, je suis/monté sur le bûcher trouble de la douleur,/ sûr de ne plus acheter d'avenir/pour ce cœur où la ressource était muette. » Les formules : « langue prêtée », « presque mienne » se trouvent dans *Vergers*, Poésie-Gallimard, respectivement p. 47 et 17.

11. R.M. RILKE, *Vergers*, éd. cit., p. 42.

12. F. HÖLDERLIN, *Lettre* (à sa sœur), de 1799, in *Œuvres*, bibl. de la Pléiade, p. 734.

13. S. MALLARMÉ, *Lettre* (à Lefébure), de 1867, in *Correspondance*, Paris, Gallimard.

14. A. DU BOUCHET, *Rapides*, Paris, P.O.L., 1980.

D'une auberge l'autre

1. F. HÖLDERLIN, *La vie joyeuse*, in *Œuvres*, Paris, « Pléiade », p. 1024-1025. Sauf indication contraire, les citations de Hölderlin sont extraites de ce texte.

2. A. RIMBAUD, *Comédie de la soif*, in *Œuvres complètes*, Paris, « Pléiade », p. 127-130.

3. G. BATAILLE, *L'expérience intérieure, Avant-propos*, in *Œuvres complètes — V, 1*, p. 10.

4. F. HÖLDERLIN, *Lettre* (à sa sœur), de Hombourg, s.d. (1799), in *Œuvres*, éd. cit., p. 731-735.

5. M. HEIDEGGER, *Qu'appelle-t-on penser?*, Paris, P.U.F., 1983 (4ᵉ éd.), p. 70-sq.

6. F. HÖLDERLIN, *La promenade*, in *Œuvres*, éd. cit., p. 1026.

7. G. UNGARETTI, *I fiumi*, in *L'Allegria, Vita d'un uomo — Tutte le poesie*, «I Meridiani», Milano, Mondadori, 1970, p. 44.

8. R.-M. RILKE, *Sonnets à Orphée*, I, 5, in *Œuvres — 2. Poésie*, Paris, Seuil, 1972, p. 381.

9. A. DU BOUCHET, *Peinture*, Montpellier, Fata Morgana, 1984, p. 23.

10. *Ibid.*, p. 36.

11. *Ibid.*, p. 56.

Entre l'œil et la main : Du défaut à l'excès

1. Concernant la perspective du *Quattrocento*, je renvoie à Hubert DAMISCH, *Perspectiva/Prospettiva 1, L'«origine» de la perspective, Macula* 5/6, 1978, p. 113-137.

2. H. DAMISCH souligne, à la suite de Panofsky, que la «perspective nouvelle (est) "artificielle" et non plus "naturelle", astreinte [...] à la géométrie et non plus à l'optique».

3. MICHEL-ANGE, Sonnet LXXXIII : «la man che ubbidisce all'intelletto».

4. Les termes «parler» et «voir» font signe vers le *«parlare»* et *«vedere»* de Dante quand, parvenu au sommet du *Paradis* (ch. XXXIII), il souligne : «Da quinci innanzi il mio veder fu maggio/Che'l parlar nostro, ch'a tal vista cede.» (A partir de ce point mon voir fut plus ample/Que notre parler, qui cède à la vision.) Cette citation est ici convoquée à la fois pour marquer la permanence de l'affiliation à une constante culturelle — la notion d'*imitatio* —, et le devenir (transformations et avatars) dont cette constante ne cesse d'être l'objet et le lieu, notamment — comme ici — lorsqu'elle continue à opérer à travers et malgré le déplacement historial qui, du XIIIᵉ au XVᵉ siècle, et du monde des lettrés à celui des praticiens des arts plastiques, l'a fait passer de l'espace «métaphysique» (fondé en théologie) où se situait Dante à l'espace «physique» où opère Léonard, voire de la pensée idéaliste vers une pensée matérialiste (de la pure relation) vers laquelle Léonard n'a cessé de tendre sans parvenir à s'y situer pleinement. Alors, le «voir» n'est plus celui du principe unique, fondateur et régulateur éternel, mais d'une multiplicité inachevable de singularités. Le «parler» n'y est pas frappé d'insuffisance à cause de la transcendance absolue de ce que voyait (quand même) le «voir» : c'est le «voir» lui-même qui fait défaut — ce qui est à voir se tenant, voilé, *dans* chaque objet.

5. Cf. les déclarations — programmatiques et polémiques — de Léonard sur l'*expérience* opposée à la *spéculation* : «... vous, spéculateurs, ne vous fiez pas aux auteurs qui par la seule imagination ont voulu se faire interprètes entre la nature et l'homme ; mais plutôt (fiez-vous) à ceux-là seuls qui ont exercé leurs talents non par les signes de la nature, mais par les effets de leurs expériences. Et reconnaître que les expériences trompent qui

ne connaît pas leur nature, car ce qui semble une seule chose est souvent d'une extrême variété, comme ici on le démontre ». (I. 102 r.-v.) «Je sais bien que, parce que je ne suis pas lettré, quelque présompteux croira raisonnablement pouvoir me blâmer, alléguant que je suis un homme non lettré. Gens stupide! Ils ne savent donc pas, ceux-là, que je pourrais — comme le fit Marius en réponse aux praticiens romains — répondre, moi, ainsi : ceux qui se parent des travaux d'autrui ne veulent pas m'accorder à moi-même le bénéfice des miens. Ils disent que, n'étant pas savant en lettres, je ne peux pas bien formuler ce que j'entends traiter. Ne savent-ils donc pas que mes affaires doivent davantage être traitées par l'expérience que selon la parole d'autrui, qui fut maîtresse de ceux qui écrivirent bien ; et c'est ainsi que je la prends, et c'est elle qu'en toute circonstance j'allèguerai. » Dans l'opposition — datée — entre autorité et expérience, se trace une ligne de partage entre deux « pratiques », mais surtout s'entend une exigence : seul se pense ce qui se « vit » — ce que, comme un siècle plus tard le dira Campanella, on « touche de la main », « *savoir* » par lequel on perçoit la « *saveur* » des choses. (Re)vient au jour, là (peut-être), ce qui sera au fondement de l'expérience poétique dans la modernité.

6. Concernant la force : «Je nomme force une puissance spirituelle — incorporelle et invisible —, qui se produit comme vie brève dans les corps, à chaque fois qu'une violence accidentelle les exclut de leur être et de leur repos naturel» (*H*. 141 r.), ou : « La force est engendrée par défaut et par excès»... (*Ar*. 151 r.), ou : « La force n'est rien d'autre que vertu spirituelle, puissance invisible, par accidentelle violence de corps sensibles surgissant à l'intérieur des corps insensibles, et donnant à ces corps la semblance de vie. Merveilleuse opération que cette vie, par qui toutes choses créées sont contraintes à changer de lieu et de forme. Furieusement elle court à sa perte et se diversifie selon les causes ...» (*Atl*. 302 v.b.).

7. Un aphorisme gouverne toute la pensée de Léonard : «Col tempo ogni cosa va variando» (Avec le temps, toutes choses se changent.) Cela doit s'entendre selon toutes les dimensions, pensables ou non, du temps. Ou plutôt : le changement (en quoi consiste, ou du moins se perçoit, le temps) affecte tout corps comme tout événement, toute configuration de ce qui est, c'est-à-dire toute relation. Dans l'œuvre peint de Léonard, deux tableaux au moins relèvent de cette fascination pour ce qui change : celui de *Ginevra de'Benci* (ou *Ritratto di donna*). (1474-76, cm 42 x 37). Washington, National Gallery où le modelé du visage est comme aplati par la lumière crue et franche d'un matin clair, qui l'éclaire de face ; et la *Joconde* (1503-1505, cm 77 × 53) — Paris, Louvre, dont le fameux «mystère» tient à cette qualité — si mystérieuse en effet — de l'air du crépuscule humide et sombre, saturé d'une vapeur d'eau que ne parvient plus à percer la lumière atténuée du jour, et qui confère au visage qui y baigne un certain effacement des contours en même temps qu'un relief accru du modelé. C'est pourquoi la *Joconde* n'est pas le portrait d'une femme, mais — par le medium d'un corps représenté — la figuration d'une certaine qualité de l'air. Ce qui, par l'intermédiaire de cette figure humaine, se donne à

(perce)voir, c'est l'invisible matérialité qui l'enveloppe et qui nous en sépare : l'air, l'eau, la lumière et l'ombre, en co-action, entre ce corps et nous.

D'autre part, de nombreux dessins de Léonard le montrent attaché à figurer les changements advenant aux objets selon le temps et selon les circonstances : je citerai le dessin, f° 88 du codex Huygens (Pierpont Morgan Library, ms. 1139), où s'inscrit le soleil en cinq positions successives, et les ombres projetées sur la terre selon les heures du jour. Ainsi que la théorie des simulacres, d'extraction épicurienne, qui recourt souvent dans les écrits.

Il n'est pas jusqu'à la reprise, par Léonard, des principes canoniques de la «perspective linéaire» (d'où le temps, pourtant, fut exclu, de Brunelleschi à Piero della Francesca), qui ne l'entraîne dans le vertige sans fin qu'éprouve celui pour qui les choses ne sont plus fixables en une représentation universelle unique, mais qui — sensible au devenir et à ce qui le produit — s'acharne à en observer les configurations sans cesse changées : car les «lignes», qui se constituent en pyramides de l'objet à l'œil, ne cessent de se déplacer, avec l'œil qui se déplace et/ou avec l'objet lui-même, toujours autrement situé. Si l'espace est un cristal, les «pyramides» perspectives, à partir de l'œil, en découpent toujours autrement les limites, donnant à penser cette figure irreprésentable d'un cristal dont les arêtes et facettes ne constitueraient pas les bords extérieurs, mais qui se modifierait indéfiniment, toujours découpable de façons différentes en son propre intérieur, par un jeu de lignes en déplacements inarrétables.

8. LÉONARD, *Codex F*, Bibl. de l'Institut de France, Paris, f. 49 v. : «Contemple cette flamme et considère sa beauté. Ferme l'œil, puis regarde : ce que d'elle tu vois n'était pas ; ce qui d'elle était n'est plus. Qui régénère ce dont meurt sans cesse qui l'engendre ?»

9. Aux deux modes de la perspective élaborés au cours du xvᵉ siècle : perspective linéaire, ou «diminution des choses selon qu'elles s'éloignent de l'œil», et perspective de la couleur, qui concerne la «façon de varier les couleurs selon qu'elles s'éloignent de l'œil», Léonard ajoute la «perspective de la finition» *(« spedizione »)* ou «élucidation de la façon dont les choses doivent être d'autant moins "finies" que plus elles s'éloignent», ainsi que la «perspective aérienne» qu'il glose ainsi : «... tu sais que quand l'air est ainsi (i.e. *« grossa »* : nébuleux, chargé d'eau), pour les choses les plus lointaines, comme sont les montagnes, la grande masse de l'air qui se trouve entre l'œil et la montagne fait paraître celle-ci d'azur —de la couleur de l'air quand le soleil se lève —» *(Ash.* I. 18 r. et 25 v.). Jusque dans la formulation, qui cesse d'être stéréotypée, disant la connaissance issue de l'expérience, il apparaît que ce qu'élabore Léonard ne concerne plus la représentation elle-même — en tout cas la représentation «idéelle» du *Quattrocento* —, mais, par le creusement de ce qui s'implique dans la représentation, les qualités et les modes de relation(s) qui, énergétiquement, jouent entre les choses pour les constituer.

10. Cf. dessin 12394 — Windsor, R. Library.

11. *Les poèmes* de Hugo von HOFMANNSTHAL, traduits par Claude Ducellier, introduction de Geneviève Bianquis, Paris, Emile-Paul frères, 1948, p. 116.

12. LÉONARD, *Codex G.*, Bibl. de l'Institut de France, 10 r. : «Le mouvement de l'air est mouvement d'un fleuve, emportant les nuages, comme l'eau emporte toutes les choses qui flottent en elle.»

13. Parmi les nombreux dessins de nuages, cf. 12338. Windsor, R. Library.

14. LÉONARD, *Codex Arundel*, 95 r. : «... et les cimes des algues qui s'élèvent du fond des marais pénètrent l'eau jusque vers la surface, comme si elles se tenaient dans l'air. Si l'eau pesait sur son propre fond, elle pèserait aussi sur ces plantes, et ne pourrait être par elles pénétrée, mais les tiendrait au contraire ployées et étalées, là où la terre est plus épaisse».

15. LÉONARD, *De Anatomia*, B. 10 v.

16. Iacopo da PONTORMO, *Deposizione* (1526-28, cm 313 × 192) — Firenze, S. Felicita, cappella Capponi.

17. C'est à Jean-Claude LEBENSZTEJN que l'on doit l'édition critique du *Journal* de Pontormo, in *Macula 5/6*, 1978, p. 4-43 pour le texte *(Diario)* et pour la traduction *(Journal)* en regard, ainsi qu'un admirable essai, *Miroir noir, ibid.*, p. 44-90, qui constitue (et de très loin) la plus forte contribution à la connaissance de Pontormo jusqu'à ce jour.

18. Sur la destruction des fresques de San Lorenzo, en 1738, voir notamment A. PARRONCHI, *Sur l'agnosticisme de Pontormo, Macula 5/6*, p. 98-101.

19. Iacopo da PONTORMO, *Journal*, éd. cit., p. 31 et 35. En fait, la relation de la nourriture à la peinture n'est pas à sens unique, ni aussi sommaire que la brièveté du présent texte pourrait le laisser entendre. Elle peut notamment s'inverser, la peinture d'une jambe ou d'une tête sur le mur devant être tout à fait normalement (n'était l'obstination de Pontormo à la noter), «réparée» par l'absorption d'une nourriture (où peut jouer l'iso-morphie). Plus généralement, le corps dans ses fonctionnements multiples et ses productions et expressions, est lié aux circonstances et événements — notamment météorologiques : saisons, phases de la lune, etc. Le «*Vademecum*» qui introduit à la lecture du *Journal*, explicite (mal, à vrai dire) une version propre à Pontormo de la «magie naturelle» qui fut commune à ce temps — celui de Paracelse et de Cardan, bientôt de Della Porta et de Campanella. Toutefois, la relation directe entre ce que *perd* le corps dans l'effectuation de l'œuvre et ce qu'il doit absorber, soit pour réparer une perte advenue soit pour se rendre capable d'expulser une nouvelle forme, est un motif trop récurrent du *Journal* pour ne pas être privilégié. Il peut se gloser par ce texte de Léonard (qui fut, semble-t-il, le premier maître de Pontormo adolescent) : «Le corps de tout ce qui se nourrit continuellement meurt et renaît ; un aliment ne peut entrer qu'aux lieux où l'aliment précédent expira ; et s'il a expiré, là n'est plus la vie, et si tu ne rends pas un aliment égal à l'aliment enfui, alors la vie vient à manquer de la force sienne ; et si tu lui ôtes cet aliment, la vie alors se détruit toute, mais si tu restitues la part qui s'en détruit chaque jour, alors il en renaît autant qu'il s'en perdit. A la semblance de la flamme formée

par la chandelle, grâce à l'aliment que lui donne le liquide de la chandelle, car la flamme elle aussi, sans répit, restaure — secours rapide — par la partie inférieure de son corps ce que la part supérieure consume et fait mourir, et qui de lumière brillante se change et meurt en fumée ténébreuse ; et cette mort est continue, comme est continue la fumée, dont la continuité s'égale à la continuité de l'aliment, et chaque instant meurt toute flamme et toute se régénère, par le mouvement de son aliment»... (*De An.* B. 28 r.)

Pour les multiples relations où, chez Pontormo, entre le corps, je renvoie non seulement à la lecture intégrale du *Journal*, mais à l'essai de J.C. LEBENSZTEJN, *Miroir noir*.

20. Parmi les nombreux exemples, je citerai ceux-ci où l'on voit que, non seulement le rapport de la nourriture à la peinture peut s'inverser, mais peut se faire plus mystérieux. Ainsi, pour les isomorphies proprement dites : « mercredi j'eus un enduit si pénible que je ne pense pas qu'il réussisse, il y a/partout des renflements (*« poppe »*) où l'on voit les raccords et je soupai œufs et 10 onces de pain». Les œufs mangés viennent magiquement «réparer» le souci des *« poppe »*, renflements ou cloques en forme d'œufs sur le mur de la chapelle. Parfois la relation n'est pas directement de la nourriture à la peinture, mais des circonstances du repas à l'exécution de telles figures : « mercredi soir je soupai avec Daniello, il y avait Marignolle et Bronzino/jeudi je fis les 2 têtes marquées ci-dessus...» (p. 35). A deux commensaux correspond l'exécution de deux têtes. Ailleurs, un événement banal où ses pieds sont doublement en cause (mais quelle relation entre le fait de se laver les pieds et de se blesser au pied ?), enclenche sur la peinture d'une «cuisse » : ... « le soir je me lavai les pieds et donnai dans la porte un coup de pied tel que je me/fis mal et en souffre encore aujourd'hui 25 savoir/25 samedi je fis la grande cuisse» (p. 35).

21. Francesco MAZZOLA, detto il PARMIGIANINO, *Autoritratto allo specchio* (1523-24 — diamètre : cm 24,4). Vienne, Kunsthistorisches Museum.

22. La formule est employée par VASARI *(Vita di Michelangelo)*, pour définir la « manière » de l'*Aurore* : les brisures et les heurts qui rythment la statue sont, par un effort de composition, surmontés. Une continuité de l'ensemble se constitue des discontinuités partielles vaincues, harmoniquement composées — englobées dans une forme issue d'un «principe » d'unité supérieur(e). Ce caractère, spécifiquement maniériste, qualifie — à la suite de Michel-Ange — aussi bien l'art d'un Gianbologna que d'un Parmesan. Ou, en poésie, l'art du Tasse tel que le définit le *Discorso del poema eroico*.

23. Francesco MAZZOLA, detto il PARMIGIANINO, *La Madonna dal collo lungo* (1534-40, cm 214 × 133). Firenze, Galleria degli Uffizi.

24. Iacopo ROBUSTI, detto il TINTORETTO, *Mosè fa scaturire l'acqua dalla roccia*, Venezia, Scuola Grande di San Rocco, Sala Grande. Il n'est pas indifférent de souligner que cette œuvre est peinte au plafond. Le basculement figuré y est comme hyperboliquement aggravé et, pour ainsi dire, radicalisé par la projection de la surface peinte dans une horizontalité surplombante, visible obliquement et qui ne donne plus l'œuvre dans

l'en-face, mais selon une relation inconfortable, menaçante et pénible, figurant (elle aussi) le bouleversement de l'ordre cosmique ancien.

25. Légèrement inexacte, citation de M. SCEVE, en congé de *Délie* (CCCCXLVII), et qui se rétablit comme suit : « Si tu t'enquiers pourquoy sur mon tombeau/Lon auroit mys deux elementz contraires,/Comme tu voys estre le feu, et l'eau/Entre elementz les deux plus adversaires »...

26. Iacopo ROBUSTI, detto il TINTORETTO, *San Giorgio e il drago* (1550 env., cm 157 × 99). London, National Gallery.

27. Iacopo ROBUSTI, detto il TINTORETTO, *Arianna, Bacco e Venere* (1578, cm 146 × 157), Venezia, Palazzo Ducale.

28. Ce cheval, que je choisirais volontiers en emblême du présent texte, se trouve dans *L'adorazione dei Magi* de la salle du rez-de-chaussée, Scuola Grande di San Rocco, à Venise.

29. Je renvoie à telle déclaration de SOU CHE, citée par François CHENG, in *L'espace du rêve (mille ans de peinture chinoise)*, Paris, Phébus, 1980, p. 24 : « Mes bambous ne comportent pas de section, qu'y a-t-il d'étrange à cela ? Ce sont des bambous nés de mon cœur, et non de ces bambous que les yeux se contentent d'observer du dehors. » (Entre l'œil et la main, il y a — ici — le « cœur », comme il y avait chez Léonard l'objet énergétique, « l'intelletto » chez Michel-Ange, le corps chez Pontormo, le « rien » chez le Tintoret et — chez Bernin — la force déliée).

30. MICHEL-ANGE, Sonnet LXXXIII : « Non ha l'ottimo artista alcun concetto/Ch'un marmo solo in sé non circoscriva/Col suo soverchio, e solo a quello arriva/La man che ubbidisce all'intelletto » (N'a l'excellent artiste aucun concept/Qu'un marbre seul en soi n'enclose/Dans son excès, et seule à ce concept arrive/La main qui obéit à l'intellect.) Pour le « *levare* », cf. la lettre à B.Varchi où Michel-Ange définit la sculpture comme art d'ôter l'excès — le trop de matière qui enveloppe la pure forme enclose, selon l'« idée », dans le marbre. La sculpture pour Michel-Ange, est forme, non matière. Le Bernin, au contraire, répondait à ses détracteurs, au temps du projet de *Monument équestre de Louis XIV*, en revendiquant le mérite d'avoir « vaincu la difficulté de rendre le marbre aussi flexible que la cire ». Travail à même la matière, donc, travail métamorphique, qui la change en une autre matière.

31. Gian Lorenzo BERNINI, *Plutone e Proserpina* (1621-22), Roma, Galleria Borghese.

32. Gian Lorenzo BERNINI, *Apollo e Dafne* (1622-24), Roma, Galleria Borghese.

33. Gian Lorenzo BERNINI, *La Beata Ludovica Albertoni* (1671-74), Roma, San Francesco a Ripa.

34. Concernant les significations conventionnelles de la représentation du corps, nu et vêtu, je préciserai, à nouveau, ceci : « Dans les siècles classiques — Dante, dans la *Vita Nova*, III, Michel-Ange dans sa théorie de la sculpture, Titien dans une peinture comme *Amour sacré, amour profane* —, le corps est *signe* de l'âme (du sacré, du spirituel — qu'il *figure*). Cependant que le *vêtement* est signe du corps (du profane, du mondain) ; il figure le corps en le voilant (l'occultant). Le corps, de toute façon, est *manqué* : ailleurs ? » (*Na doni fo, Prévue — 15*, février 1980,

p. 31). Le Bernin accueille ce *topos* : seuls le visage et les mains sont représentés — en figure de l'âme (qui s'exhale). Le vêtement figure le corps. Mais l'œuvre retourne indéfiniment, jusqu'à la perdre, la convention : vêtement et visage sont pénétrés, traversés d'ombre et de lumière. Le marbre creusé fait indéfiniment jouer ombre et lumière, en co-action, dans la pierre.

«Vive figure»

1. MICHELANGELO, *Rime*, introduzione di G. Testori, cronologia, premessa e note di Ettore Barelli, B.U.R., Minalo, Rizzoli, 1975, p. 212 et 213.

151 : «Non ha l'ottimo artista alcun concetto / c'un marmo solo in sé non circonscriva / col suo superchio, e solo a quello arriva / la man che ubbidisce all'intelletto. // Il mal ch'io fuggo, e'l ben ch'io mi prometto, / in te, donna leggiadra, altera e diva, / tal si nasconde ; e perch'io non viva, / contraria ho l'arte al disiato effetto. // Amor dunque non ha, né tua beltate / o durezza o fortuna o gran disdegno / del mio mal colpa, o mio destino o sorte ; // se dentro del tuo cor morte e pietate / porti in un tempo, e che'l mio basso ingegno / non sappia, ardendo, trarne altro che morte.»

152 : «Sì come per levar, donna, si pone / in pietra alpestre e dura / una viva figura / che la più cresce u'più la pietra scema ; / tal alcun'opre buone, /per l'alma che pur trema, / cela il superchio della propria carne / co'l'inculta sua cruda e dura scorza. / Tu pur dalle mie streme / parti puo'sol levarne, / ch'in me non è di me voler né forza.»

2. Georges BATAILLE, *L'expérience intérieure*, *Avant-propos*, in *Œuvres complètes* — V, tome 1, p. 10 : «Nous ne sommes pas tout, n'avons même que deux certitudes en ce monde, celle-là et celle de mourir.»

3. Georges BATAILLE, *Le labyrinthe*, in *Œuvres complètes* — 1, p. 433-sq.

4. Concernant la formation culturelle de Michel-Ange, cf. E. PANOFSKY, *The Neoplatonic Movement and Michelangelo*, in *Studies in Iconology*, New York, 1939 (traduction française : *Essais d'iconologie*, Paris, Gallimard, «Bibliothèque des Sciences Humaines», 1972) ; Charles DE TOLNAY, *Michelangelo*, Del Turco, Firenze, 1951, ainsi que André CHASTEL, *Art et humanisme à Florence*, Paris, 1959 et *Fables, formes, figures*, 2 volumes, Paris, Flammarion, 1978 (vol. 1, pour Michel-Ange). Pour une discussion de quelques implications, voir Marcelin PLEYNET, *L'amour*, Paris, Hachette-P.O.L., 1982, p. 129-143.

5. *Pietà*, marbre, 1499, Rome, Basilique de Saint-Pierre.

6. *David*, marbre, 1501-1504, Florence, Accademia. Sur le marbre «mal concio» cf. A. CONDIVI, *Vita di Michelangelo*, 1553 et G. VASARI, *Vita di Michelangelo*, 1550 et 1564.

7. L'ouvrage majeur, pour une documentation complète sur l'ensemble de l'œuvre sculpté de Michel-Ange, reste *L'opera completa di Michelangelo scultore*, introdotta da scritti dell'artista e coordinata da Umberto Baldini, Classici dell'arte Rizzoli — n° 68, Milano, Rizzoli,

1973. Dans ce volume, cf. p. 100-105 pour l'ensemble architectural et sculpté de la Cappella Nuova.

8. *Saint Mathieu*, marbre, 1505-1506, Florence, Accademia. Seule statue exécutée de la commande, en 1504, des douze apôtres pour le Dôme de Florence. Cf. U. BALDINI, *op. cit.*, p. 95.

9. *Prigioni*, marbre, 1530-1534, Florence, Accademia. Cf. U. BALDINI, *op. cit.*, p. 106.

10. *Pietà Rondanini*, marbre, 1552-1564, Milan, Château des Sforza. Sur cette œuvre, outre U. BALDINI, *op. cit.*, p. 109, cf. Charles DE TOLNAY, *The final Period*, Princeton, 1960 et le bref commentaire d'A. CHASTEL, in *Les Ignudi de Michel-Ange*, recueilli dans *Fables, formes, figures*, éd. cit., vol. 1, p. 273-292.

11. Le fragment, identifié en 1973 par Bruno MANTURA (cf. *Bollettino d'Arte* — n° 4, 1973), se trouve aujourd'hui à la galerie Borghese-Rome. Cf. aussi Roberto SALVINI, *Michelangelo*, Milano, Mondadori, 1976. (Traduction française : *Michel-Ange*, Paris, Fernand-Nathan, 1977.)

« ... donner naissance à un bambou » — « peut-être »

1. Les citations de textes chinois sont empruntées, sauf indication contraire, à l'ouvrage *Esthétique et peintre du paysage en Chine (Des origines aux Song)*, présentation, traduction du chinois par Nicole VANDIER-NICOLAS, coll. « L'esprit et les formes », Paris, Klincksieck, 1982.

Je renvoie aussi à l'admirable ouvrage *L'Espace du rêve, Mille ans de peinture chinoise*, par François CHENG, Paris, Phébus, 1980, ainsi, pour la poésie des T'ang, qu'à la très belle étude du même François CHENG, *L'écriture poétique chinoise, suivi d'une anthologie des poèmes des T'ang*, Paris, Seuil, 1977.

D'autre part, on trouvera ci-dessous une brève notice sur les noms des écrivains, peintres et théoriciens cités dans l'article, dans l'ordre de leur première apparition :

SOU CHE (SOU T'ONG-PÖ, 1035-1101), le plus grand lettré des Song, poète, prosateur, peintre, calligraphe, haut fonctionnaire de l'Empire.

TCHANG YEN-YUAN (VIIIe siècle), théoricien de l'époque T'ang, auteur du *Li-tai ming-houa Ki* (histoire des peintres célèbres des dynasties successives).

MI YEOU-YEN (1086-1166), peintre de paysage, fils du célèbre MI FU (1051-1107), lui-même peintre et calligraphe, inventeur de la technique picturale dite « grain-de-riz ».

KOUO HI (actif 1020-1075), avec le mythique LI TCHENG et le « grand » FAN KOUAN, et à leur suite, le plus grand paysagiste des Song. Auteur également du plus beau traité sur la peinture de paysage de l'époque Song, *Lin-ts'iuan Kao-tche* (Le haut message des forêts et des sources).

HOUA KOUANG (TCHONG JEN, actif 1037-1093), peintre des fleurs de prunier.

WEN TONG (YU KÖ, mort en 1049), peintre du bambou, maître et ami de SOU CHE.

Tchouang-Tseu (entre 350 et 275 avant J.C.), le mythique «philosophe» taoïste, époque des «Royaumes Combattants». L'œuvre complète de Tchouang-tseu est traduite en français (par Liou Kia-Hway) dans *Philosophes taoïstes*, Paris, «Pléiade», N.R.F., 1980.

2. Dylan Thomas, *Collected Poems*, 1934-1952, J.M. Dent & Sons, Ltd., London, 1952.

3. Marguerite Duras, *India-Song*, Paris, Gallimard.

4. Martin Heidegger, *Questions — IV*, Paris, Gallimard, 1976, p. 320 sq.

5. *Ibid.*

6. Martin Heidegger, *L'expérience de la pensée*, in *Questions — III*, p. 17-41.

7. Je dois la remémoration de cette référence à Paule Plouvier, que je remercie.

8. Friedrich Hölderlin, *En bleu adorable...* (trad. A. du Bouchet), in *Œuvres*, «Pléiade», N.R.F., p. 939-941 : «Le roi Œdipe a un œil en trop, peut-être».

9. Marcel Detienne, *Mythes (épistémologie des)*, in *Encyclopaedia Universalis, Supplément 2*, 1980, p. 977-sq.

10. Stéphane Mallarmé, *Variations sur un sujet*, in *Œuvres complètes*, Pléiade, N.R.F., *Crise de vers*, p. 365-366. Les citations sont toutes extraites de ce passage.

11. Giuseppe Ungaretti, *Il porto sepolto*, in *L'Allegria, Vita d'un Uomo*, «I Meridiani», Milano, Mondadori, p. 23.

12. Cet épisode est rapporté par Nicole Vandier-Nicolas, *op. cit.*, p. 32-33 et par François Cheng, *L'espace du rêve*, p. 17.

13. Pierre Reverdy, *Le livre de mon bord*, Paris, Mercure de France, 1948.

14. Giuseppe Ungaretti, *L'impietrito e il velluto*, in *Vita d'un Uomo*, éd. cit., p. 326.

15. Tu Fu, *En contemplant le mont T'ai*, in François Cheng, *L'écriture poétique chinoise*, p. 180-181 : «Ying-yang / découper crépuscule-aube», et Wang Wei, *Le mont Chung-nan, ibid.*, p. 170-171 : «Suprême-faîte / proche de la Citadelle-céleste // Reliant monts / jusqu'aux bords de la mer // Nuages blancs / se retourner contempler s'unir // Rayon vert / pénétrer chercher s'anéantir // Divisant étoiles / pic central se transformer // Sombre-clair / vallons multiplier varier // Désir descendre / logis humain passer la nuit // Par-delà eau / s'adresser à bûcheron».

16. Martin Heidegger, *Questions — IV*, p. 202-207.

Pratique de la profusion

1. Ph. Jaccottet, *Approche de du Bouchet*, et *Où il n'y a pas d'approche*, in *L'Entretien des Muses*, Paris, Gallimard, 1968, p. 261-272.

2. André du Bouchet, *Un jour de plus augmenté d'un jour*, in *Laisses*, Paris, P.O.L., Hachette, 1979.

3. André DU BOUCHET, *Rapides,* Paris, P.O.L., Hachette, 1980. Sur «in» («en») — voir le remarquable texte de Bernard COLLIN, *Enarratio,* in *Espaces pour André du Bouchet, L'Ire des Vents* — 6-8, Paris, 1983, p. 15-23.

4. STENDHAL, *Souvenirs d'Egotisme :* «... On peut penser que l'emphase ne fut pas épargnée. Son abominable affectation devint de plus en plus invisible aux Français, gent moutonnière. Je ne suis pas mouton, ce qui fait que je ne suis rien.» (Je dois la remémoration de cette référence à André du Bouchet.)

5. Pas de noms. Chacun y reconnaîtra les siens, qui ne sauraient manquer.

6. Pierre CHAPPUIS, *La poésie d'André du Bouchet,* in *André du Bouchet,* Paris, Seghers, «Poètes d'aujourd'hui» — 239, 1979, p. 13.

7. André DU BOUCHET, *Le moteur blanc,* in *Dans la chaleur vacante,* Paris, Mercure de France, 1961.

8. Maucie BLANCHOT, *La rencontre de l'imaginaire,* in *Le livre à venir,* «Idées» — N.R.F., Paris, Gallimard, 1971 (1ʳᵉ édition : 1959).

9. André DU BOUCHET, *Qui parle,* in *Air* 1950-1953, Paris, Clivages, 1977, et *Relief,* in *Dans la chaleur vacante,* éd. cit.

10. André DU BOUCHET, *Qui parle,* in *Air,* éd. cit.

11. André DU BOUCHET, *Un jour de plus augmenté d'un jour,* in *Laisses,* éd. cit.

12. André DU BOUCHET, *Sous le linteau en forme de joug,* in *L'Incohérence,* Paris, P.O.L., Hachette, 1979.

13. Variation sur un propos de R.-M. RILKE.

14. André DU BOUCHET, *... figure,* in *Qui n'est pas tourné vers nous,* Paris, Mercure de France, 1972, p. 78.

15. André DU BOUCHET, *Crète,* in *Axiomes, Espaces pour André du Bouchet, L'Ire des Vents,* 6-8, Paris, 1983, p. 316.

16. Paul CELAN, *Lichtzwang,* Suhrkamp Verlag, Francfort, 1970.

17. Martin HEIDEGGER, *Questions — IV,* Paris, Gallimard, 1976, p. 322.

18. André DU BOUCHET, *Dregs of the Storm,* in *Mercure de France,* mai 1964. Repris dans *André du Bouchet,* Seghers, «Poètes d'Aujourd'hui», p. 93.

19. André DU BOUCHET, *Sang,* in *Axiomes, L'Ire des Vents,* 6-8, 1983, p. 327.

20. André DU BOUCHET, *Sur un gérondif, ibid.,* p. 413.

21. André DU BOUCHET, *Interstice configurant un dessin, Prévue-23,* mai 1983, p. 2.

22. André DU BOUCHET, *Ici en deux,* in *L'Ire des Vents,* 6-8, 1983, p. 32.

23. *Ibid.,* p. 42.

24. André DU BOUCHET, *Image à terme,* in *L'Incohérence,* éd. cit.

25. André DU BOUCHET, *Sur le foyer des dessins d'Alberto Giacometti*, in *Qui n'est pas tourné vers nous*, éd. cit., p. 9.
26. André DU BOUCHET, *Défets*, Paris, Clivages, 1981.
27. *Ibid.*
28. André DU BOUCHET, *Table*, in *Laisses*, éd. cit.

«... parole débordée»

1. S. MALLARMÉ, *Crise de Vers*, in *Variations sur un sujet*, *O.C.*, Pléiade, p. 368.
2. ANDRÉ DU BOUCHET, «*Les Hauts de Bühl*», *L'Ire des Vents 3-4 : Autour de Michel Leiris*, 1981, p. 35-54. Les citations qui suivent, quand elles sont sans appel de note, sont extraites de ce texte.
3. R.-M. RILKE, *Elégies de Duino, Huitième Elégie*.
4. André DU BOUCHET, *Air*, Paris, Clivages, 1978.
5. S. MALLARMÉ, *Variations sur un sujet*, *O.C.*, Pléiade, p. 386.
6. Henri MALDINEY, *Les « blancs » d'André du Bouchet*, in *Espaces pour André du Bouchet*, *L'Ire des Vents 6-8*, 1983, p. 206.
7. Martin HEIDEGGER, *Lettres à Roger Munier, Lettre du 20 novembre 1972*, in *L'Herne — Cahier 45*, 1983, p. 109-111.
8. André DU BOUCHET, *Peinture*, Montpellier, Fata Morgana, 1984, p. 169.
9. Vocable : mot — éventuellement écrit — en position de passer par la voix. Selon l'acception que Mallarmé, mal entendu sur ce point, donne de tout mot en position poétique. Mais aussi selon ce qu'en une interview mémorable en prononça du Bouchet : cf. *André du Bouchet* par Pierre Chappuis, Poètes d'Aujourd'hui, Seghers, 1979, p. 86-89. Ainsi que, *ibid.*, p. 90-91 : *L'écrit à haute voix*.
10. Martin HEIDEGGER, *Sprache*, traduit par R. Munier : *Langue*, in *L'Herne — Cahier 45*, cit., p. 98-99.
11. F. HÖLDERLIN, *La vie joyeuse*, in *Œuvres*, Pléiade, p. 1024-1025 (traduction Gustave Roud).

TABLE DES MATIÈRES

Achevé d'imprimer en avril 1987
sur les presses de l'imprimerie Laballery
58500 Clamecy
Dépôt légal : avril 1987
Numéro d'imprimeur : 702037